나는 수업하러
학교에 간다

나는 수업하러 학교에 간다

(함께하는 교육 100년의 약속, 행복한 교육 프로젝트)

[행복한 교과서®] 시리즈 No.27

지은이 | 최무연
발행인 | 홍종남

2016년 10월 9일 1판 1쇄 발행
2017년 12월 3일 1판 2쇄 발행(총 3,000부 발행)

이 책을 만든 사람들
책임 기획 | 홍종남
북 디자인 | 김효정
교정 교열 | 김솔
출판 마케팅 | 김경아

이 책을 함께 만든 사람들
종이 | 제이피씨 정동수 · 정충엽
제작 및 인쇄 | 다오기획 김대식 · 정인균

펴낸곳 | 행복한미래
출판등록 | 2011년 4월 5일. 제 399-2011-000013호
주소 | 경기도 남양주시 도농로 34, 부영e그린타운 301동 301호(도농동)
전화 | 02-337-8958
팩스 | 031-556-8951
홈페이지 | www.bookeditor.co.kr
도서 문의(출판사 e-mail) | ahasaram@hanmail.net
내용 문의(지은이 e-mail) | twolions@naver.com
※ 이 책을 읽다가 궁금한 점이 있을 때는 지은이 e-mail을 이용해주세요.

ⓒ 최무연, 2016
ISBN 979-11-86463-19-2
〈행복한미래〉 도서 번호 050

나는 수업하러 학교에 간다

최무연 지음

행복한미래

좋은 수업을 고민하는 당신은
특별한 선생님

필자는 학교를 참 많이 옮겨 다녔습니다. 첫 발령을 받고 지금까지 한 학교에 2년 이상 근무한 적이 거의 없으니, 다른 교사에 비해 많아도 보통 많은 것이 아니지요.

필자는 근무 지역도 참 많이 옮겨 다녔습니다. 같은 지역에 있는 다른 학교로 옮긴 것이 아니라 경기도 북부에서 남부로, 다시 동부로, 서부로 지역교육청을 옮겨 다녔습니다. 심지어 중국까지 다녀왔으니 교직에서 이만한 방랑벽이 있는 교사도 드물 것입니다. 근무한 학교는 복식수업을 하는 분교에서 신도시의 가장 큰 학교까지 다양했습니다. 근무한 지역 역시도 농촌에서 도농복합지역, 신도시까지 모든 형태의 대한민국 초등학교에서 근무했다고 해도 과언이 아닙니다.

간혹 필자에게 왜 그렇게 학교를 많이 옮겨 다녔느냐고 묻기도 합니다.

그때마다 '다양하고 풍부한 경험을 하고 싶어서'라고 대답했지만, 사실은 필자가 학교에 잘 적응하지 못하는 '학교 부적응자'이기 때문입니다.

처음으로 발령을 받은 학교에서 필자는 뭔가 이상하다고 느꼈습니다. 필자가 생각한 학교와 실제 학교 모습은 너무나 달랐습니다. 그 학교는 소위 말해 승진하기 좋은 곳이었습니다. 도시에 근접해 있으면서 규모도 제법 큰데다 농어촌 점수와 연구시범학교 점수까지 있어 승진을 앞두었거나 향후 승진을 꿈꾸는 사람들이 모여드는 곳이었습니다. 모두들 선호하는 이 학교에 필자는 운 좋게도 9월에 중간 발령을 받았습니다. 그런데 이 '승진'이라는 것이 마치 블랙홀처럼 학교의 모든 담론을 빨아들였습니다. 학교 안에서 화젯거리는 당연히 승진이었고, 공적이든 사적이든 대다수 모임과 인간관계는 승진과 결부되었습니다. 주변에서는 좋은 학교에

발령이 났다고 부러워했지만, 신규교사에 불과했던 필자에게 승진은 아직 요원했습니다. 그렇게 필자는 승진에 치여 첫 학교에 적응하지 못하고 다음 학교로 옮겨 갔습니다.

다음 학교에서는 일이 너무 많았습니다. 체육부장에, 수영부 육성에, 스카우트 대장까지……. 거기다 6학년 담임도 맡았으며, 지금은 사라지고 행정실무사가 대신하는 '교무보조'까지 도맡았습니다. 알 만한 사람은 다 알 텐데 이 중 하나만 맡아도 벅찬 업무를 필자는 당시 교직 발령 3년 차에 감당해야 했습니다. 정말 일에 치여 바쁘게 일하는 틈틈이 짬을 내어 수업을 할 정도였습니다. 그렇게 그 학교에서도 일에 치여 결국 적응하지 못한 채 그다음 학교로 옮겨 갔습니다.

그다음 학교에서는 오로지 수업만 하겠다고 마음을 먹었습니다. 그래서 일부러 분교를 찾아갔습니다. 들리는 소문에 분교는 오로지 수업만 하고 잡무는 전혀 없다고 했습니다. 당시 필자가 분교를 선택하는 데 두 가지가 영향을 주었는데, 하나는 온 국민이 다 아는 카레 광고였습니다. 다른 하나는 '학교종이 땡땡땡' 카페였습니다. 카레 광고의 내용을 간략히 소개하면 이렇습니다. 작은 분교에 근무하는 한 여자 선생님이 카레를 만들어 놓고 학교 종을 칩니다. 그러면 운동장에서 놀던 아이들이 "선생님~" 하며 달려오고, 선생님은 그런 아이들을 두 팔 벌려 맞이합니다. 필자도 이 광고에 나오는 선생님처럼 생활하고 싶었습니다. 또 당시에 '학교종이 땡땡땡'이라는 카페가 유행했었는데, 시골 학교에서 느끼는 아련한 감성을 자극하는 카페였습니다. 이런 감성적인 생각에 오직 수업만 한다는 소문까지 더해져 필자는 자진해서 여주의 한 분교로 옮겨 갔습니다. 분교에서 그림 같은 학교생활을 꿈꿨던 필자는 그러나 분교에 가자마자 허무하게 꿈이 깨졌습니다. 필자는 분교에 도착하자마자 '분임 출납원'에 임명되었습니다. 분임출납원은 현재 행정실장처럼 학교 회계를 책임지는 자리였습니다. 생전 들어 보지도 못한 학교 행정실장이 된 것입니다. 학교 회계를 처음 접했기에 동료교사와 교재를 연구하기보다는 본교 행정실장과 학교 회계를 연구해야 했습니다. 또 동료교사보다 면 소재지에 있는 농협 직원과 더 자주 만나는 사이가 되었습니다. 그뿐만 아니라 일요일과 공휴일 근무를 밥 먹듯이 해야 했으며, 교사 중 남자는 필자뿐이라서 남자 주무관과 함께 매달 절반은 숙직 근무를 했습니다. 그 와중에 소규모 학교 통폐합 문제가 불거져 쏟아지는 공문과 주민 공청회, 회의까지 정말 정신을 차리지 못할 지경이었습니다.

분교에서 오로지 수업만 하겠다던 필자의 꿈이 보란 듯이 빗나간 것입니다. 수업도 만만치 않았습니다. 분교에서는 한 교실에서 교사 한 명이 두 학년을 가르치는 방식으로 복식수업을 합니다. 이 분교는 비교적 규모가 커서 필자가 맡은 1학년과 4학년은 각각 8명과 7명으로 급당 인원이 총 15명이었습니다. 그러다 보니 동시에 두 학년을 수업하기란 애초부터 불가능한 일이었습니다. 1학년은 손이 많이 가는 학년인지라 무언가 시켜 놓고 4학년을 가르치고 있으면 금세 필자 옷을 잡고 자기네 학년으로 데려가기에 바빴습니다. 그나마 오후 시간은 1학년이 돌아간 후라 4학년만 가르칠 수 있는데, 집에 돌아가지 않은 1학년이 있어 그마저도 제대로 되지 않았습니다. 결국 이곳에서도 적응하지 못하고 필자는 또 다른 학교로 옮겨 갔습니다.

네 번째로 옮겨 간 곳은 도시 외곽에 있는 학교로 총 6학급이었습니다. 그러나 여기에서도 적응하지 못한 필자는 다시 다섯 번째 학교로 옮겨 갔고, 이후 우리나라 교육에 염증을 느꼈는지 필자는 해외에 있는 학교에까지 발을 디뎠습니다. 학교를 습관처럼 옮겨 다니던 필자는 결국 학교 방랑자가 되었던 것입니다. 아니 학교 방랑자보다는 학교 방황자가 더 맞을 듯합니다. 이렇게 학교 방황자 생활을 하면서 그래도 깨달은 사실이 한 가지 있습니다. 모든 학교에는 나름의 문제가 있으며, '좋은 학교는 어디에도 없다'는 것입니다. 그리고 이는 모두 학교의 구조적인 문제에서 기인한다는 것입니다. 학교를 둘러싼 구조적인 문제를 그야말로 구조적으로 해결하기 전까지 이런 문제는 계속될 것입니다.

그렇다면 '어떤 학교가 좋은 학교일까요?'

다들 부러워하던 그 좋던 첫 번째 학교를 떠나면서 필자는 '과연 어떤 학교가 좋은 학교일까'를 고민하며 '이 전근은 좋은 학교를 찾으려는 노력'이라고 스스로를 위로했습니다. 두 번째 전근을 결심하면서도 마찬가지였습니다. 그러나 돌이켜 보면 필자의 방황이 좋은 학교를 찾으려는 노력은 맞았으나 '나에게만 좋은 학교'를 찾으려는 지극히 이기적인 마음이었던 셈입니다. 그러니 세상에는 좋은 학교가 있을 수 없겠지요. 어떻게 나에게 딱 맞는 그런 좋은 학교가 있겠습니까?

어느 날 드라마를 보고 있는데, 한 대사가 가슴에 깊이 와 닿았습니다.

"어떤 회사가 좋은 회사일까요?"

"어떤 회사가 좋은 회사인지 고민하는 모든 회사가 좋은 회사야."

이 장면을 보는 순간 필자가 그토록 찾아다니던 좋은 학교의 모습을 드디어 찾았습니다.

'우리에게는 어떤 학교가 좋은 학교일까요?' 아마도 드라마에서 말한 것처럼 '어떤 학교가 좋은 학교인지 고민하는 모든 학교가 좋은 학교'가 아닐까요?

학교에 적응하지 못해 해외까지 떠돌던 필자가 지금은 기적처럼 한 학교에서 4년째 근무하고 있으니 이만하면 잘 정착했다는 생각이 듭니다.

그러면 좋은 학교를 찾아 헤매던 필자가 한곳에 정착했으니 좋은 학교를 찾았다는 뜻일까요? 아닙니다. 필자는 아직 좋은 학교를 찾지 못했습니다. 지금처럼 한 학교에 오래 머물 수 있었던 것은 좋은 학교를 만나서가 아니라 '좋은 학교가 무엇인지 고민하는 사람'을 만났기 때문입니다. '좋은 학교'는 만나지 못했지만 '좋은 사람'은 만났습니다.

다시

— 박노해

희망찬 사람은
그 자신이 희망이다

길 찾는 사람은
그 자신이 새 길이다

참 좋은 사람은
그 자신이 이미 좋은 세상이다

사람 속에 들어 있다
사람에서 시작된다

다시
사람만이 희망이다

　좋은 사람을 만난 후로 필자는 무엇이 좋은 수업인지를 고민하게 되었습니다. 좋은 수업을 고민하는 사람들과 연구회 활동도 했습니다. 투덜이 스머프처럼 투덜대던 필자를 무엇이 좋은 학교이고 좋은 수업인지 고민하게 한 사람들은 소위 승진을 하고 '명품 수업'을 하는 선생님이 아닌, 한 차시 한 차시 수업을 어떻게 잘할까 고민하던 평범한 선생님들이었습니다. 이 보통의 수업을 하는 '특별한 선생님' 덕분에 좋은 학교, 좋은 수업을 고민할 수 있었습니다.

　책에 소개한 것들은 오롯이 필자의 개인적인 경험에서 나왔습니다. 책에 실린 글들은 필자의 반성문이자 호소문입니다. 필자가 감히 보통의 수업을 하는 선생님들을 대표할 수는 없습니다. 하지만 보통의 수업을 하는 선생님들이 한번쯤은 느껴 봤을 그런 이야기를 쓰려고 노력했습니다.

　많이 부족함에도 이렇게 책을 쓰는 것은 필자의 평생소원이기 때문입니다. 평생소원을 이루겠다는 욕심에 부족함을 돌아보지도 않고 집필한 것 같아 마음이 무겁습니다. 집필하는 내내 필자의 부족함만 뼈저리게 느꼈는데, '책을 집필한다는 것은 결국 책을 읽는 것'이었습니다. 부족한 책이지만, 무엇이 좋은 학교이고 좋은 수업인지 함께 고민하는 계기가 되었으면 합니다.

2016년 9월

최무연

차례

1부 우리 학교는 어떻지?

2부 수업, 누구를 위하여 종을 울리나?

3부 달콤한 수업의 유혹

 **4부 교사 독립 선언** : 교권, 교육 과정, 교사의 자주성

5부 지금 당장 나다운 수업을 시작하라

6부 콘텐츠가 있는 교사, 플랫폼이 되는 학교

나는 수업하러
학교에 간다

:1부:

우리 학교는 어떻지?

01 교사 : 달걀은 병아리도 되고
달걀 프라이도 된다

시절이 어수선하거나 사회에 문제가 많이 발생할 때 우리 사회는 비유와 패러디로 넘쳐 납니다. 교육 문제는 전 국민의 관심사이자 풀기도 쉽지 않아 늘 학교도 이 비유와 패러디에서 벗어나기가 어렵습니다. 대표적인 비유로 교육은 '지옥'이고, 학교는 '감옥'을 들 수 있겠네요. 학교는 교도소, 학생은 죄인, 교사는 간수 정도가 되는 것 같습니다. 팍팍하고 통제된 생활을 하는 학생 입장에서는 딱 맞아떨어지는 적절한 비유일 수 있으나, 교사 입장에서는 억울한 점이 많은 비유입니다. 모름지기 좋은 비유란 팍팍하고 힘든 생활을 반영하여 그 집단의 허탈함을 대변할 수 있어야 한다고 생각합니다. 그런 의미에서 교사를 달걀에 비유한 것은 교사를 대변하는 좋은 비유가 아닐까 합니다.

그럼 교사와 달걀은 어떤 점에서 닮았을까요?

일단 깨지기 쉽습니다. 학교에서 교사는 언제나 깨지기 쉬운 존재입니다. 예전에는 공개수업을 하면 깨질 각오부터 했습니다. 깨지지 않으려면 교사와 달걀은 모두 자신보다 단단한 그 무언가에 부딪히지 않아야 합니다. 부임한 지 한 달 정도 지난 신규교사와 학교에서 무엇을 느꼈는지 이야기를 나눈 적이 있습니다. 그 신규교사는 이렇게 말했습니다. "학교에서는 말을 하면 안 될 것 같아요. 특히 회의에서는요. 말을 하면……." 아직 한 달밖에 안 된 신규교사이지만 학교에서는 말을 하는 순간 깨지기 쉽다는 것을 금세 알아챘습니다.

학교 문화를 이야기할 때 종종 달걀판에 비유합니다. 교사는 학교라는 공동체 안에서 동일한 건물과 학년 연구실을 사용하지만 각자 별도의 공간에서 생활하는 문화를 빗댄 것입니다. 달걀이 비슷비슷한 모양으로 일정하게 짠 달걀판 속에 들어 있듯이 교사도 비슷비슷한 교실에 달걀처럼 들어 있기는 마찬가지입니다. 달걀판처럼 열려 있지만 한편으로는 고립된 곳에서 교사는 교실에서 일어나는 모든 일을 오롯이 책임져야 합니다.

수업도 마찬가지입니다. 마치 불문율처럼 공개적으로 수업을 이야기하거나 공유하기를 주저합니다. 한 교실에서 일어나는 내면의 깊은 속을 다른 교사는 결코 알 수 없습니다.

교사에게 '교실을 열어라', '수업을 공개하라'고 하지만 현재 처한 상황에서는 할 수가 없습니다. 교실을 여는 순간 달걀이 달걀판을 나와야 하기 때문입니다. 달걀이 달걀판을 나오면 어떻게 되나요?

스스로 달걀을 깨면 새 생명이 되지만 남이 깨면 요리가 된다는 말처럼 늘 깨지기 쉬운 우리이지만 스스로 달걀을 깨고 나와 새 생명을 얻었으면 합니다.

02
학교
: 관행과 축구 이야기

어느 날 축구 감독을 새로 뽑는다는 공고가 붙습니다. 그런데 축구 감독을 뽑는 방법이 조금 독특합니다. 축구를 잘하거나 전술과 전략을 잘 아는 사람을 뽑는 것이 아니라 철저하게 포인트(점수)제로 뽑습니다. 예를 들어 운동장에서 잡초를 하나 뽑으면 몇 포인트, 운동장에 물을 주면 몇 포인트, 시골 축구팀에서 축구를 하면 몇 포인트, 공개 축구를 잘하면 몇 포인트를 주는 식입니다. 그렇게 포인트를 모은 선수는 코치가 될 수 있고, 코치가 되어 다시 포인트를 모으면 감독이 될 수 있습니다. 이렇게 포인트를 모아서 코치와 감독이 되면 드디어 축구팀을 운영할 수 있습니다.

축구팀 감독은 감독이 되어서도 여전히 운동장 관리에 신경을 써야 합니다. 멋진 운동장을 보고 싶어 하는 축구협회가 있기 때문입니다. 선수로 뛰면서 경험한 것도 한몫합니다. 감독은 종종 축구보다 운동장에 더 신경을 쓴다는 주위의 따가운 시선을 받습니다. 그때마다 감독은 선수들을 모아 놓고 이렇게 말합니다.

"축구를 잘하는 것은 축구 선수의 기본입니다. 축구가 축구 선수에게는 제일 중요합니다."

하지만 금세 감독은 다시 운동장 관리에 열을 올립니다. 감독은 선수들에게 축구협회의 공문을 처리하라고 요구합니다. 선수들은 공문을 처리하느라 바빠 연습은 대충 합니다. 이를 안타깝게 여긴 축구협회에서는 선수들에게 부여한 업무를 경감하라며 다시 공문을 내려 보냅니다. 그러나 그것마저도 선수들은 또 다른 일로 여깁니다.

축구 선수 중에는 감독이 되고 싶은 선수도 있습니다. 이런 선수에게 감독은 자신의 노하우를 알려 주기도 합니다. 물론 세상에 공짜는 없습니다. 감독이 되고 싶은 선수는 감독이 원하는 대로 최선을 다해 운동장을 관리해야 합니다. 그들은 '바쁘다, 바빠'를 외치며 열심히 운동장을 관리합니다. 감독은 운동장을 잘 관리하는 선수에게 좋은 근무 점수를 줍니다. 이것 또한 포인트로 사용합니다. 감독이 되기란 그리 쉽지 않습니다. 열심히 축구장을 잘 관리했어도 소수점 이하 몇 자릿수까지 치열하게 경쟁해야 겨우 감독 밑의 코치가 될 수 있습니다.

이제 축구 선수를 이야기해 보죠. 축구 선수는 기본적으로 이렇게 나눕니다. 코치가 되고 싶어 일찌감치 운동장에 있는 잡초를 뽑고 잔디에 비료를 주면서 포인트를 '모으는' 선수들과 그렇지 않은 선수들로 말이지요. 이렇게 나뉜 축구팀이 같은 운동장에서 훈련을 합니다. 이들은 감독을 도와서 운동장 관리와 축구 연습을 병행합니다.

선수들은 1년에 서너 번은 훈련 모습을 공개해야 합니다. 축구협회에서 요구하기도 하고, 감독이 요구하기도 합니다. 때로는 포인트를 얻고자 스스로 신청해서 훈련 모습을 공개하기도 합니다. 포인트 관리에만 열심인 선수도, 축구도 열심히 해야 한다는 선수도, 훈련에 전혀 관심이 없는 선수도 모두 훈련 모습을 공개해야 합니다. 선수들은 각자 방식으로 공개 훈련을 준비합니다. 평상시 모습을 그대로 보일 수는 없습니다. 공개 훈련에서는 평소와는 다른 색다른 모습을 보여야 합니다. 감독은 공개 훈련 계획서를 작성하게 하고는 그것을 결재합니다. 코치도 감독을 도와서 이제야 지도하겠다고 나섭니다. 선수들은 평상시 모습을 보이면 안 된다는 중압감에 시달립니다. 이제 선수들은 훈련하는 모습을 공개하려고 유니폼도 새 것으로 갈아입고, 축구화도 새 것으로 갈아 신고 훈련을 합니다. 어떤 선수는 평상시 모습을 고집하기도 합니다. 그 와중에도 감독은 선수들에게 운동장 정리정돈을 시키고 잔디에 선도 멋지게 긋게 합니다. 공개 훈련 준비에 바쁜 선수들이지만 운동장 관리도 소홀히 할 수 없습니다.

드디어 공개 훈련을 하는 날이 되었습니다. 선수들은 운동장에 나와서 훈련하는 모습을 보여 줍니다. 동료 선수들도 와서 보고, 축구협회에서도 와서 보고, 다른 감독들도 와서 봅니다. 이미 새롭게 바뀐 선수들은 공개 훈련을 마칩니다. 덤덤하게 넘기는 선수도 있고, 실력을 발휘하지 못했다고 아쉬워하는 선수도 있습니다. 감독과 참관인들은 선수들의 훈련 모습을 보며 칭찬을 합니다. 새 유니폼이 멋지다거나 운동장이 멋지다고 칭찬을 합니다. 때로는 축구화는 어디 것이냐? 유니폼은 비싼 것이냐? 등을 물어보기도 하고, 연습 시간이 조금 초과되었다고 말하기도 합니다. 그러고는 운동장의 잡초 하나를 쓰윽 뽑아 이런 것은 미리 뽑아야 한다고 하면서 자신은 더 힘들게 공개 훈련을 했다는 말도 잊지 않습니다. 이렇게 공개 훈련은 끝이 납니다.

선수들은 다시 각자의 일을 합니다. 운동장을 관리하여 포인트를 얻거나 나름대로 훈련을 열심히 하거나 이 모두에 시큰둥하거나…….

감독은 축구 선수의 성적에 그다지 신경을 쓰지 않습니다. 그들에게는 감독 자격증이 있기 때문입니다. 감독 자격증이 있는 한 감독 자리에서 물러날 일이 없습니다. 선수들이 열심히 훈련하여 경기에서 이기면 더 좋고 졌다고 해도 불리하지 않습니다. 감독 자격증이 있는 한 누구도 감독에게 책임을 묻지 않습니다. 가끔 4년에 한 번 '감독 중임심사'를 받기는 하지만, 그것도 코치나 선수들이 알아서 잘 준비하므로 감독은 신경 쓰지 않아도 됩니다. '감독 중임심사'는 대개 형식적이라서 이 심사에서 떨어지는 감독은 거의 없습니다.

감독 임기는 최장 8년인데, 간혹 빨리 감독이 되는 바람에 중간에 그만두어야 할 때도 있습니다. 그러나 이것조차도 크게 걱정할 일이 아닙니다. 다른 축구팀에서 뽑는 감독에 응모하면 감독을 계속할 수 있습니다. 아니면 축구협회 등에서 '전문직'으로 근무하면 됩니다. 그 기간 동안은 감독 임기에서 빠지기 때문에 신경 쓸 일이 없습니다.

감독은 축구팀 선수를 초청으로 선발하기도 합니다. 축구팀 사정에 따라 잡초를 잘 뽑는 선수나 비료를 잘 줄 것 같은 선수를 아름아름 알아서 초청합니다. 초청 선수가 오면 운동장을 훨씬 수월하게 관리할 수 있습니다. 감독의 걱정도 줄어듭니다. 요즘은 초청으로 들어오는 선수가 많아서 그만큼 축구장 관리도 쉬워졌습니다.

　일부 선수는 '왜 운동장을 선수가 관리해야 하느냐?', '왜 선수가 잡초를 뽑아야 하느냐?'며 불평을 합니다. 그러면 직접 나서서 말하거나 코치를 시켜 운동장을 잘 관리해야 선수들이 훈련을 더 잘할 수 있지 않느냐며 잡초를 뽑는 것도 결국 축구를 위한 일이라고 주장합니다. 감독은 그렇게 축구팀을 운영합니다. 1년이 지나 일부 선수는 다른 팀으로 가고, 그만큼 다른 선수가 새로 들어옵니다. '축구'가 없는 축구팀은 이렇게 운영됩니다.

　이 이야기는 조금 과장되었을 수는 있지만, 결코 없는 일이라고는 할 수 없습니다. 이런 구조 속에서는 당연히 축구를 잘할 수 없겠지요. 축구선수가 본래의 모습을 잃어 가듯 학교도 본래의 모습을 잃지는 않았는지 생각해 봅니다. 어서 빨리 우리나라 축구팀도, 학교도 정상화되기를 기대합니다.

03 민주
: 교사의 눈으로 본 학교 풍경

월요일 아침 한 초등학교에서는 애국조회라는 이름으로 방송조회를 합니다. 텔레비전을 켜고 애국가를 부르고 교장 선생님이 훈화를 합니다. 교장 선생님이 텔레비전에 나오면 학생들은 화면 속 교장 선생님에게 소리 높여 인사하는데, 결국 텔레비전에다 인사하는 셈입니다.

애국조회 때 교장 선생님은 '훈화'를 합니다. 학생들은 이 훈화를 그냥 듣고만 있어서는 안 됩니다. 그날 들은 교장 선생님의 훈화를 학교 이름을 넣어 특별히 제작한 공책에 '요점'을 정리해서 적어야 합니다. 이 공책은 한 달에 한 번 정도 얼마나 잘 적었는지 담임선생님이 검사합니다. 때로는 도덕 수행 평가에 반영하기도 하므로 대충 적을 수도 없습니다. 훈화를 적는 것에 초등학교 1학년도 예외는 아닙니다. 처음에는 어리다는 이유로 배려를 하지만, 시간이 지나면 예외 없이 교장 선생님의 훈화를 적어야 합니다. 이를 안타깝게 여긴 1학년 담임선생님은 하는 수 없이 칠판에 훈화를 대신 쓰기도 합니다. 그러면 학생들은 그것을 얼른 또 받아 적습니다. 그 특별한 공책은 잃어버리면 안 됩니다. 시중에서 팔지도 않고 살 수도 없기 때문입니다.

이것은 어느 나라에서 볼 수 있는 모습일까요? 바로 우리나라 초등학교에서 월요일마다 볼 수 있는 모습입니다.

제가 근무했던 한 학교의 교장 선생님은 텔레비전에 하는 인사가 못마땅했는지 대신 담임선생님에게 인사하는 것으로 바꾸기도 했습니다. 하지만 아직도 대다수 초등학교에서는 이렇게 텔레비전에 대고 인사를 합니다. 아마 동방예의지국이라서 그런가 봅니다.

어느 학교의 교장 선생님은 효도를 무척 강조했습니다. 그래서 부임하자마자 학교 인사말을 '효도하겠습니다'로 정했는데, 그때부터 학교에서 사용하는 모든 공식적인 인사말은 '효도하겠습니다'로 바뀌었습니다.

인사말이 바뀌자 아침에 선생님을 만나 하는 인사도, 복도에서 지나가면서 하는 간단한 인사도 모두 '효도하겠습니다'가 되었습니다. 학교에 온통 '효도하겠습니다'란 인사말이 넘쳐 났습니다. 심지어 퇴근하고 동네에서 만나도 인사말은 '효도하겠습니다'였습니다. 당시 제가 사는 곳은 학구 안에 있었는데, 저녁 산책을 나오면 학생들은 아파트 단지가 떠들썩하게 '효도하겠습니다'를 외쳤습니다. 그리고는 자신들도 웃긴지 키득 웃으며 뛰어갔습니다. 저도 멋쩍어 웃었습니다. 학생들도 그것이 잘못되었다는 것을 알았습니다. 교장 선생님은 구호와 인사를 구별하지 못했던 것입니다. 그 교장 선생님이 부임한 5년간 학생들은 '안녕하세요' 인사말조차 자신들 마음대로 하지 못하고 지냈습니다.

또 학생들이 중앙 계단도 사용하지 못하게 했습니다. 건물 양쪽 계단만 사용할 수 있어 교실이 중앙 계단 쪽에 있는 학생들은 교무실이나 행정실에 갈 때 빙 돌아서 가야 했습니다. 심지어는 보건실도 돌아서 갔습니다. 보건실이나 교무실 등은 학생들이 접근하기 좋도록 일부러 중앙 계단 쪽에 위치하는데, 참 아이러니합니다. 그런데 1년에 한 번 중앙 계단을 사용할 수 있는 날이 있습니다. 바로 소방대피훈련을 할 때입니다. 그날은 마치 모세의 기적처럼 중앙 계단이 열립니다. 중앙 계단을 걷는 특권을 누린 학생들은 역시나 그냥 지나치지 않습니다. "선생님, 중앙 계단으로 다니면 안 되잖아요?"라고 기어이 한마디 합니다. 그러고는 역시나 키득키득 웃습니다.

이런 일들은 초등학교 교사인 저에게는 너무나 익숙한 모습이나, 익숙하지 않은 사람에게는 무척이나 어색했나 봅니다. 귀국학생 특별학급을 담임할 때였습니다. 한 학생이 "왜 텔레비전에 대고 인사를 해요?"라고 물었습니다. 저에게 익숙했던 모습이 다른 문화권에서 온 학생에게는 이상하게 보였던 모양입니다. 『교장 제도 혁명』(한국교육연구네트워크, 2013)에서 이와 비슷한 일화를 읽었는데, 그 학생의 관찰력에 새삼 감탄했던 기억이 나네요. 또 그 학생은 "그냥 텔레비전만 보면 안 될까요?"라고 물어보았는데, 한순간 머릿속이 멍했습니다. 저에게 텔레비전은 그냥 보는 것이라는 평범한 사실을 깨닫게 했습니다.

생활이 인간을 지배한다고 합니다. 무의식에 자리 잡은 생활 방식이 그 사람의 생활을, 문화를 결정하는 것입니다. 이런 불합리한 상황 속에서 자란 아이들은 알게 모르게 이것에 젖어 있을지도 모릅니다. 학교에는, 특히 초등학교에는 불합리하고 비민주적인 일이 많습니다. 왜 초등학교가 중등학교에 비해 불합리한 일이 더 많은지는 알 수 없지만 몇 가지 추측은 할 수 있습니다. 초등학교는 모든 과목을 담임선생님이 담당하기에 관리자의 간섭이 심할 수 있고, 대부분 특정 대학교 출신으로 구성되어 있으며, 초등학생을 다루다 보니 교사도 초등학생처럼 순진하고 어리숙하기 때문이라고 합니다.

우리는 이런 비민주적인 일을 관행이라는 이름으로 알고도 모른 척 지나치기도 합니다. 이런 비민주적이고 불합리한 일이 학교의 구조에서 기인한 것인지 아니면 다른 이유가 있는 것인지 깊이 고민해야 합니다.

앞에서 저에게 질문했던 학생은 특별학급에서 공부를 마치고 자신의 학급으로 되돌아갈 때 다시 이렇게 질문했습니다. "선생님, 처음 여기에 와서 무엇이 가장 힘들고 어려웠는지 아세요?" 저는 "당연히 한국어를 몰라 공부하기 힘들었겠지."라고 말했는데, 뜻밖에 대답이 돌아왔습니다. "사실 실내화를 갈아 신는 것과 화장실을 가는 것이 가장 힘들었어요. 왜 신발을 갈아 신어야 하는지 모르겠어요."

학생이 바라보는 눈과 교사가 바라보는 눈은 이렇게 다릅니다. 앞에서 살펴본 학교 모습은 '어른'의 편의에 따라 '어른' 위주로 학교를 운영한 좋지 않은 사례입니다. 이제는 학교를 바라보는 눈을 바꿔야 할 차례입니다. 학생의 일은 학생의 눈으로 봐야 하고, 교사의 일은 교사의 눈으로 봐야 합니다. 그러면 그동안 보이지 않던 것들도 볼 수 있습니다.

많은 교사가 수업을 하지 못할 정도로 과중한 업무에 시달린다고 말합니다. 교육청에서는 이것을 해결하려고 매년 학교 업무를 줄이는 대책을 내놓고 설문조사도 하지만, 상황은 그다지 나아지지 않습니다. 이것도 교사의 눈으로 풀어야 합니다. '민주적'이라는 말은 그 사람의 입장이 되어 바라보는 것은 아닐까요? 진보 교육감이 선출되면서 많은 곳에서 '민주적'이라는 말을 사용합니다. 학교에도 민주적인 학교 경영이라는 말이 나돕니다. 그러나 이 '민주적'을 누구의 시선으로 바라보고 있는지는 한 번쯤 생각해 보아야 합니다.

04 사람
: 전입교사를 맞이하는 학교의 품격

풍경 1

2월 중순 무렵 초등학교 교무실은 전입교사를 맞이하고 전출교사를 보내느라 분주합니다. 전출교사를 보내는 서류 봉투와 전입교사를 맞이하는 업무분장표, 새로 발령받아 온 교사 명단도 있습니다. 전출발령장을 받은 교사는 교장 선생님이나 교감 선생님과 함께 새 학교로 인사하러 갑니다(경기도교육청에서는 관리자와 동행하는 관행을 없애라는 공문을 보냈습니다). 발령통지서를 들고 새로 발령받은 학교로 들어선 전입교사는 현관에서 '환영합니다'는 입간판과 함께 전입교사의 이름 중에서 자신의 이름을 발견합니다. 전입교사는 먼저 교무실로 가서 교감 선생님과 인사를 나누고, 교감 선생님의 안내로 교장실로 갑니다. 교장실에서 간단히 인사를 나눈 후 다시 교무실로 가서 담당 업무와 희망학년을 작성합니다.

3월 2일 전입교사는 새 학교로 출근합니다. 개학을 하면 전입교사도 수업을 시작합니다. 그러나 전입교사는 학교 사정을 잘 알지 못합니다. 과학실이 어디에 있는지, 컴퓨터실은 또 어디인지 알지 못한 채 수업을 합니다. 아무 것도 모른 채 말이죠.

풍경 2

5월 어느 날 교육장님이 학교를 방문할 것이라는 연락을 받습니다. 학교는 교육장님을 맞을 준비를 합니다. 학교에서는 학교 현황을 설명하는 요약 보고 자료를 만듭니다. 또 프레젠테이션용 자료도 준비합니다. 각부 부장은 부서별 계획이나 교육 실적 등을 준비합니다. 학교 안내 자료에도 멋지게 색지를 둘러 가지런히 놓아둡니다. 초등학교에서는 이런 일들을 정말 잘한다는 칭찬을 많이 받습니다. 요약 보고하는 연습을 사전에 하는 학교도 있습니다. 거기다 영상 자료까지 만들어 적절히 활용하는 학교도 있습니다. 교육장님이 오면 교장 선생님은 각 부장을 대동한 채 학교를 한 바퀴 돌면서 학교 사정을 설명합니다. 정보부장은 컴퓨터실을 안내합니다. 컴퓨터실은 어떻게 운영하는지 시연할 때도 있습니다. 이외에 영어실과 과학실을 둘러보기도 합니다. 교육장님은 그렇게 학교 현황을 보고 받고는 학교를 떠납니다. 그리고 교육장님은 다시 학교를 방문하지 않습니다.

'풍경 1'은 2월 어느 날 학교에 새로 전입한 교사를 맞이하는 일반적인 모습입니다. '풍경 2'는 학교에 교육장이나 그 이상의 높은 사람이 방문할 때 모습입니다. 저는 두 모습에서 학교의 이중성을 보는 듯합니다.

수업을 하는 사람은 교사입니다. 컴퓨터실에서 수업을 하는 사람도 교사이고, 영어실과 과학실에서 수업을 하는 사람도 교사입니다. 수업을 하는 교사에게 이런 시설을 어떻게 사용하는지 알려 주는 간단한 보고나 설명은 꼭 필요합니다. 그러나 전입교사에게는 아무도 이것을 설명해 주지 않습니다. 전입교사는 컴퓨터실이 어디인지도 모른 채 컴퓨터 수업을 하고, 체육 창고가 어디이고 그곳에 어떤 기구가 있는지 알지 못한 채 체육 수업을 합니다. 영어실과 과학실 위치는 물론, 과학 행정실무사가 누구인지도 모른 채 첫 수업을 시작합니다. 보건실 위치를 모르면서 학생들에게 아프면 보건실로 가라고 합니다. 오히려 학생들에게 음악실 위치를 묻기도 합니다. 전입교사는 눈치껏 알아서 해야 합니다.

저는 중국에 있는 한국 학교에서 근무한 적이 있습니다. 낯선 땅에 처음으로 도착한 저를 배려하여 한국 학교 교사들은 공항까지 나와서 환영해 주었습니다. 환영 인사로 그치지 않고 임시로 머물 호텔과 살 집까지 함께 찾아 주었습니다. 물론 학교도 구석구석 알려 주었습니다. 나중에 알았지만, 학교는 매년 2월이 되면 전담팀을 꾸려서 새로 오는 전입교사를 맞이했던 것입니다. 전입교사 한 명당 3명으로 구성한 전담팀을 배정하여 정착할 때까지 학교뿐만 아니라 일상생활에서도 불편함이 없도록 준비해 주었습니다. 그때 한 경험은 결코 잊을 수 없습니다. 마치 잘 대접받는 듯해서 아직도 그때만 생각하면 마음이 훈훈합니다. 이 학교가 나를 이렇게까지 배려한다는 생각에 수업을 잘해야겠다고 다짐했습니다. 그다음 해에는 저도 전담팀에 소속되어 새로 오는 전입교사에게 받은 만큼 다시 되돌려 줄 수 있었습니다.

우리나라도 2월 풍경이 이랬으면 좋겠습니다. 어떤 사람을 맞이하는 태도를 보면 그 사람을 맞이하는 사람의 마음을 알 수 있습니다. 전입교사에게 보통 업무분장표와 업무인수인계표, 공문서를 전달하는데, 여기에서 학교가 교사를 대하는 마음과 무엇을 우선하는지 읽을 수 있습니다.

학교가 진정 수업에 관심이 있다면 컴퓨터실은 어디이고 시스템은 무엇이니 앞으로 학생들과 수업할 때 어떻게 활용하라는 등 간략한 설명을 해 주겠지요. 그러면 교사가 컴퓨터 비밀번호도 몰라 헤매는 일은 없을 것입니다.

2월은 매년 많은 교사가 전입과 전출을 하는 시기임에도 전입교사에게 사전 안내 교육을 하는 학교가 있다는 이야기는 한번도 듣지 못했습니다. 그러니 우리 학교 학생들에게 좋은 수업을 해 달라는 관리자를 만나기는 더 어렵겠지요. 어떤 업무를 잘하느냐고 묻는 질문은 받았지만 수업하는 데 불편함이 없도록 최대한 지원하겠다는 말은 들어 보지 못했습니다. 이렇듯 학교에서 교사의 수업은 항상 뒤로 밀리고 있습니다.

학교에 전입교사가 왔을 때와 교육장이 왔을 때 모습이 서로 바뀌었으면 좋겠습니다. 교육장이 오는 것처럼 전입교사나 신규교사를 맞이해 주세요. 생각을 바꾸고, 무엇이 더 중요하며 학교가 무엇을 해야 할지 고민한다면 충분히 가능한 일입니다. 전입교사를 맞이하는 풍경 속에도 '수업'이 자리하면 좋겠습니다. 요즘 유행하는 TF팀이라도 꾸려서 새로 전입하는 교사를 맞이하면 어떨까요?

어떤 경우

– 이문재, 『지금 여기가 맨 앞』 중에서

어떤 경우에는
내가 이 세상 앞에서
그저 한 사람에 불과하지만

어떤 경우에는
내가 어느 한 사람에게
세상 전부가 될 수 있다

어떤 경우에도
우리는 한 사람이고
한 세상이다

05

수업 : 수업으로 바쁜 교사 대 업무가 많은 교사

교사는 바쁘다는 말을 입에 달고 삽니다. 특히 3월은 눈코 뜰 새 없이 바쁩니다. 서로에게 바쁘다는 인사를 건네며 이심전심으로 위안과 안정을 찾기도 합니다.

"선생님, 바쁘시지요?"

흔히 하는 이 말에서 어떤 생각이 드나요? 이 '바쁘다'는 말에서 이중성이 느껴져 쓴웃음을 지은 적이 있습니다. 학년 초는 정말 눈코 뜰 새 없이 바쁩니다. 하루를 어떻게 살았는지 모를 정도로 종종 걸음으로 뛰어다닙니다. 컴퓨터 바탕화면에 띄워 놓은 메신저는 계속 깜빡이고 전화벨도 자주 울립니다.

다음은 예전에 근무했던 학교에서 친목회장을 새로 선출할 때 있었던 일화입니다.

이전 학년도 친목회장이었던 저는 다음 학년도 친목회장을 선출하는 자리에 사회를 보게 되었습니다. 학교에서 친목회장은 봉사하는 자리입니다. 공식적인 학교 일이 아닌 애경사나 직원 간에 화합할 수 있도록 친목을 도모해야 하기 때문입니다. 또 관리자의 생각도 잘 읽어야 하는 자리라서 친목회 업무는 모두들 기피했습니다. 역시 아무도 친목회장을 하겠다는 사람이 없어 고민 끝에 적합한 사람을 추천받기로 했습니다. 추천받은 사람은 당연히 고사를 합니다. 한 교사가 고사를 하면서 자신은 너무나 하고 싶은데 바빠서 할 수 없다고 이야기했습니다. 순간 이런 생각이 들었습니다.

'그럼 나는 할 일이 없었나? 나는 바쁘지 않았단 말인가?'

그 교사는 연구부장이었습니다. 모두들 연구부장은 일이 많다고 인정하는 분위기입니다. 교사로 구성된 수요일밴드의 노래 중 〈브라보 연구〉에서도 볼 수 있듯이 연구를 하려면 바쁩니다. 교무는 더하겠지요. 연구부장과 교무부장이 바쁘다는 것은 다들 잘 압니다. 다만 교사가 하는 '바쁘다'는 말에 어떤 의미가 있는지 한번쯤은 고민이 필요할 듯합니다.

저 역시도 이 말을 듣고 스스로를 되돌아보았습니다. 1년 동안 수업을 준비하고 연구하느라 참 많이도 바빴습니다. 토요일, 일요일에도 수업을 준비했고, 학교에서 제일 일찍 출근하고 제일 늦게 퇴근하는 사람 중 하나였습니다. 그런데 수업을 준비하느라 바쁜 사람은 학교에서는 잘 알아주지 않습니다. 학교에서 바쁘다는 평가를 받으려면 수업 외의 일에서 바빠야 합니다. 많은 교사가 수업 준비가 아닌 학교 일 때문에 바쁘다는 말을 입에 달고 삽니다. 저 역시도 그랬으니까요.

1년 동안 수업 준비 때문에 바쁘게 살았던 저의 노고는 어디에서도 인정을 받기 어려웠습니다. 공문서로 남는 것도 아니고, 동료교사나 교장 선생님이 인정해 주는 것도 아니니까요. 그 자리에서 저 역시도 수업을 준비하고 연구하느라 많이 바빴노라고 말했다면 어떠했을까요? 아마도 '재수 없는 교사'로 찍혀서 왕따를 당하는 등 후폭풍이 어마어마했겠지요. 한편으로는 쓸쓸하기도 하지만, 이렇게 생각하는 동료교사만 탓할 수도 없습니다. 모두 행정 업무를 처리하느라 바쁜데 수업을 준비할 시간이 있다는 것은 어찌 보면 호사스런 일이지요. 수업 준비 교사 동아리 모임을 만드는 자리에 참석한 교사가 한 말이 인상에 남습니다. 그는 작년에 참여한 동아리에서 결석을 제일 많이 했는데, 핑계를 대자면 바빠서 그랬다고 합니다. 하지만 우선순위를 수업 준비에 두었다면 그렇게 결석을 많이 하지는 않았을 것이라고 합니다. 자신도 신규교사이면서 수업을 2순위에 두었다고 합니다.

모든 교사가 수업으로 바쁘게 움직이는 학교를 꿈꿔 봅니다. 매일매일 수업을 준비하는 동아리 모임으로 바쁜 모습, 교과 내용을 이야기하고 연구하며 함께 공부하는 모임으로 바쁜 모습을 꿈꿔 봅니다. 교사는 학생에게 자기 직분에 충실하라고 말합니다. 교사도 자기 직분에 충실하고 싶습니다. 수업 준비로 바쁜 하루를 보내고 퇴근할 수 있었으면 합니다. 그리고 교사에게 일이 '업무'가 아닌 '수업'이 되었으면 합니다. 교사의 업무는 곧 수업이니까요.

06
승진
: 학교는 승진 전쟁 중?

"당신에게는 어떤 버킷리스트가 있습니까?"

어느 교육청에서 실시한 초등교사 임용고시에서 각자의 버킷리스트를 작성하는 사전 과제를 낸 적이 있습니다. 응시자 대부분은 훌륭한 교사로 성장한 자신의 모습을 그려 보았습니다. 그중에는 대학원 진학을 꿈꾸는 교사도 있었고, 해외에 소재한 한국 학교에 근무하려는 사람도 있었습니다. 또 수석교사가 되려는 사람도 있었습니다. 하지만 승진을 해서 교장 선생님이 되겠다는 사람은 단 한 명도 없었습니다. 신규교사가 되려는 사람들도 학교에서 무엇이 가장 중요한지 잘 알고 있는 것입니다. 그러나 임용고시 과제로 작성한 버킷리스트와 이들이 마주할 학교 현실은 전혀 다릅니다.

학교에서 승진은 교사에게는 끝없는 화두이자 고민거리입니다. 승진하기도 어렵지만 승진하지 않고 살아가는 것도 쉽지 않습니다. 교사라면 누구나 한번쯤은 승진을 생각하고, 누구나 한번쯤은 교포(교장·교감 포기)가 되고, 누구나 한번쯤은 교양인(교장·교감 양보)이 됩니다.

승진 때문에 교사는 두 파로 나눠 서로를 적대시합니다. 또 승진은 학교의 공적인 영역은 물론 사적인 영역까지 그 영향력을 발휘합니다. 교사에게나 학교 전체에서나 승진은 교직의 뜨거운 감자임에 틀림없습니다.

제가 신규교사로 부임했을 때가 생각납니다. 부임한 곳은 도농복합지역의 면 소재지에 있는 학교였습니다. 그 지역에서 가장 규모가 큰 지역 중심 학교라서 근무 조건이 매우 좋았습니다. 지역에서 가장 큰 학교인데도 상대적으로 남자교사는 적었습니다. 그런 상황에서 남자인 제가 부임했으니 학교에서도 매우 반겨 주었지요. 아마도 여러 방면으로 쓰임이 많을 것으로 기대했나 봅니다.

먼저 배구팀에서 가장 크게 환영해 주었습니다. 남자교사가 부족하여 늘 지구별 장학협의회에서 좋은 성적을 낼 수 없었는데, 새로 남자교사가 들어왔으니 전력을 보강할 수 있어 좋았던 모양입니다. 그러나 안타깝게도 저는 타고난 몸치라 전력 향상에는 그다지 도움을 줄 수 없었습니다. 남자교사를 보강하여 우승하겠다던 기대는 곧 실망으로 바뀌고 말았습니다. 오후 수업이 끝나면 남자교사들은 이 '장학협의회' 배구대회를 대비한 연습을 합니다. 배구 연습이 끝나면 자연스럽게 친목을 다지는 자리를 마련하는데 이렇게 '남친회'가 구성이 됩니다. '남친회'는 '남자교사끼리 친하게 지내자는 모임' 또는 '남자 친목회'의 줄임말입니다. 그 뜻은 순수하게 보이나 실상은 그렇지 않습니다.

남친회에서는 자연스럽게 학교 정보가 오고 갑니다. 누구는 밀어주고, 누구는 그다음 순서라는 이야기를 공공연하게 합니다. 이 모임에는 교장 선생님이나 교감 선생님도 당연히 참석하는데, 일종의 충성 서약 같은 일도 암암리에 일어납니다. 예전에는 교장 선생님과 교감 선생님이 대체로 남자였기에 자연스럽게 '남친회' 회원이 되어 아무런 문제가 없었습니다. 그러나 지금은 관리자 중 여성도 많기 때문에 남친회 구성에 어려움을 겪게 되었습니다. 명색이 '남친회'인데 여성 관리자를 참석시킬 수는 없고, 그렇다고 관리자를 제외하기도 어렵습니다. 그래서 고육지책으로 여성의 남성화를 썼습니다. 성에 상관없이 교장 선생님과 교감 선생님은 무조건 남친회 회원입니다. 아니면 여성 관리자의 의중을 남친회에 전달하는 대리청정을 두기도 합니다.

동문회도 마찬가지입니다. 경기도는 전국에 있는 교육대학교 출신들이 근무하는 곳입니다. 그래서 동문회가 발달해 왔는데, 그 동문회 면면을 살펴보면 대부분 '승진한 사람'과 '승진할 사람' 중심으로 구성되어 있습니다. 오죽하면 동문회도 '관리자동문회'와 '교사동문회'로 나누자는 자조 섞인 말까지 나오겠습니까? 이것은 승진 위주로 뭉친 하나의 패거리 문화입니다. 이른바 승진에 도움이 된다는 지역에서 이런 남친회와 배구대회, 동문회가 더 잘 발달되어 있습니다. 이것이 단순히 우연의 일치만은 아니겠지요?

저는 '배구하고 술만 잘했어도 벌써 교감이 되고도 남았을 것'이라는 농담을 자주 듣습니다. 처음 부임한 학교는 농어촌 점수가 있어서 빈말은 아니었을 것입니다. 이럴 줄 알았으면 배구 과외라도 받을 것을 그랬습니다. 술 잘 마시는 방법을 알려 주는 학원이라도 다닐 것을 그랬습니다. 술도 좀 마시고 예의를 차려서 '선배님' 말도 종종 사용할 것을 그랬나 봅니다. 그러나 안타깝게도 저는 타고난 몸치에 술도 못 마시고 예의도 없었습니다.

이런 패거리 문화에서는 교사를 교사의 본질로 바라보지 않습니다. 교사를 수업하는 사람이 아닌 배구 잘하는 사람이나 자신의 승진에 도움이 되는 사람으로 봅니다. 승진은 교직에 첫발을 들여 놓는 순간부터 퇴직하는 순간까지 영향을 미칩니다. 20년 전에 받은 1급 정교사 자격 연수 점수를 교감 승진에 사용하니 적어도 20년 전부터 신경을 써야 하는 것이지요.

저는 신규교사 때부터 이런 승진 제도는 잘못되었다고 생각했습니다. 신규교사가 문제점을 느낄 정도인데 경험이 많은 교사들도 물론 알고 있었을 것입니다. 주변의 동료교사들도 저처럼 대부분 문제점을 인식하고 있었습니다. 다들 문제점을 인식하고 있으니 곧 좋은 제도로 개선될 것이라고 생각했었습니다. 당시는 학교운영위원회 신설과 교육감 직선제, 국민의 정부와 참여 정부가 탄생하던 터라 교육에도 민주주의 열풍이 불어서 더더욱 희망을 가졌습니다. 그런데 20년이 지나도록 거의 달라진 것이 없습니다. 교장 임기제를 도입했지만 여전히 빠져나갈 구멍은 있고, 교장 공모제는 대통령 시행령으로 규정이 까다로워 그야말로 명목상으로만 존재합니다. 어째서 이런 후진적인 제도인 승진 제도를 고치지 않을까요? 아니 왜 이것을 고치지 못할까요?

얼마 전 유튜브에서 〈거꾸로 자전거〉 동영상이 관심을 끌었습니다. 겉

보기에는 일반 자전거와 같지만 자전거 핸들은 반대로 되어 있습니다. 핸들을 왼쪽으로 꺾으면 바퀴는 오른쪽으로 돌아가고, 핸들을 오른쪽으로 꺾으면 바퀴는 왼쪽으로 돌아가는 방식입니다. 로켓 엔지니어인 데스틴 샌들린은 이 자전거를 쉽게 탈 수 있을 것이라 생각하고 자전거 타기에 도전합니다. 그러나 데스틴은 자전거를 타기까지 무려 8개월이나 걸렸습니다. 일반 자전거 타는 습관을 모두 버리고 새로운 기술을 익히는 데 시간이 필요했던 것입니다.

데스틴은 대학 강의나 콘퍼런스 등에서 이 자전거를 타고 3미터를 움직이면 200달러를 주겠다는 내기를 걸었습니다. 많은 사람이 도전했으나 모두 이 거꾸로 자전거 타기에 실패했습니다. 어떤 사람은 힘으로 밀어붙이고, 어떤 사람은 새로운 기술로 도전했으나 결과는 똑같았습니다. 그러나 데스틴의 6살짜리 아들은 이 거꾸로 자전거를 타는 데 2주밖에 걸리지 않았습니다.

이 동영상은 지식으로 아는 것과 그것을 이해하고 실천하는 것은 다름을 보여 줍니다. 자전거 핸들을 반대 방향으로 꺾어야 한다는 것은 '지식'으로 누구나 알고 있지만 그것을 실천하는 것은 전혀 다른 문제입니다.

승진 제도가 후진적인 제도라는 사실은 누구나 알고 있는 '지식'입니다. 그러나 이 제도를 바꾸려고 실천하기는 어렵습니다. 지식으로 안다고 모두 실천할 수 있지는 않습니다. 아이보다 어른이 거꾸로 자전거를 더 타기 어려웠듯이 승진 제도도 이미 습관처럼 굳어졌습니다. 더 늦기 전에 이 제도는 고쳐야 합니다. 늦으면 늦을수록 이것을 고치는 데 어마어마한 시간과 노력이 듭니다. 그리고 그 와중에 파행적인 교육 때문에 가장 큰 피해를 입는 것은 결국 아이들입니다. 나아가 교육법을 다루는 국회의원들과 정부 관계자들이 이 '지식'을 몸소 실천하여 후진적인 승진 제도를 반드시 개선해 주기를 바랍니다.

07 새내기
: 신규교사의 이중생활

　현재 수석교사인 저는 신규교사와 비교적 자주 만납니다. 그들에게 학교생활은 어떤지, 그들이 그렸던 학교와 직접 경험한 학교는 어떻게 다른지 곧잘 질문합니다. 이번에 만난 신규교사는 수업에 관심이 많고 수업도 열심히 하는 사람이었습니다. 여느 신규교사처럼 수업을 잘하고자 하는 의지도 강하고 한 번 알려 주면 금방 자기화를 할 만큼 수업 감각도 뛰어났습니다.

　"수업에 집중하고 싶은데 그게 잘 안 돼요."

　이렇게 말하며 신규교사는 자신이 이중생활을 한다고 덧붙였습니다. 일(업무)은 교실에서 하고 수업 준비는 집에서 한다고 말이죠. 그런데 체력이 뒷받침되지 않아 집에서 수업을 준비하다 자주 잠이 들어 미흡할 때가 많다는 것입니다. 일은 언제까지라고 딱 정해져 있어 학교에서 빨리 처리하는데, 수업은 준비하지 않는다고 누가 뭐라고 하지 않아서 자꾸 뒤로 밀린다고 합니다. 전체적인 윤곽을 잡고 수업을 하고 싶은데 그렇게 안 되니까 하루살이 수업만 한다면서 안타까워했습니다. 그러면서 "그래도 여전히 마음에 수업이 좀 걸려요."라는 말을 잊지 않았습니다.

사실 학교에서 이런 일은 흔합니다. 신규교사 연수나 멘토링을 하다 보면 일 때문에 어려움을 겪는 신규교사를 많이 만납니다. 신규교사 연수 프로그램을 신규교사들과 함께 기획한 적이 있는데, 그들이 프로그램에서 요구하는 것은 업무 연수였습니다. 수업은 어떻게 하겠는데 업무는 잘 못하겠다면서 말이죠. 심지어 어떤 신규교사는 일이 너무 많아서 수업은 대충할 수밖에 없다고 했습니다. 정도의 차이는 있지만 실제로 신규교사들의 이야기를 들어 보면 행정적인 일 처리 때문에 압박감을 느끼거나 스트레스를 많이 받는다고 합니다.

어느 날 저녁 늦게까지 수업을 준비하고 있던 신규교사에게 지나가던 부장교사가 여태 무엇을 하고 있느냐고 물었습니다. 내일 할 수업을 준비하고 있다는 대답에 부장교사는 격려 차원에서 "수업은 매일 하는데 뭘 준비하고 그래요. 어서 퇴근해요."라고 말했습니다. 아마도 젊은 교사가 늦게까지 남아 있는 것이 안타까운 마음에 한 말이겠지요. 저라면 어떻게 했을지 생각해 보았습니다. 아마도 '내일 공개수업이라도 있어요?' 하고 되물었지 않았을까 싶네요. 이 일화는 수업을 어떻게 생각하는지 잘 보여 줍니다.

신규교사의 이중생활에서 일 처리 순서를 한번 생각해 봅시다. 교사는 가치 있는 일을 하는 사람입니다. 그렇기에 당연히 가치 있는 일을 먼저 해야 합니다. 그렇게 일을 처리해야 가치 있는 일을 하는 가치 있는 사람이라고 느낍니다. 스스로를 귀하게 여겨 자존감과 일의 효율이 높게 나타납니다.

그런데 처음 학교에 온 신규교사에게 우리는 무엇을 내밀었나요? 혹시 업무분장표는 아니었나요? 우리가 기피하던 업무를 주려고 하지는 않았나요? 신규교사를 수업하러 온 교사가 아니라 일을 하는 사람으로 여겨 무엇이 가치 있는 일인지 스스로 느끼기도 전에 그것을 버리도록 강요하지는 않았나요? 가치와 의미를 추구하는 사람에게 가치가 없는 일을 주면 의욕을 잃습니다. 뒤에서 다시 설명하겠지만 1년 차 교사의 18%, 2년 차 교사의 41%가 교사가 된 것을 후회했다고 합니다. 1~2년 사이에 무려 신규교사의 절반 정도가 학교에 정나미가 떨어진 것입니다.

08 행복
: 나는 교사가 된 것을 후회한다

교사는 자기 직업에 만족할까요?

성균관대학교 교육학과 양정호 교수가 OECD(경제협력개발기구)의 '2013년 교수·학습 국제 조사(TALIS, Teaching And Learning International Survey)'를 바탕으로 회원국 중학교 교사 10만 5000여 명의 직업 만족도를 분석한 결과를 발표했습니다. 이를 한 언론에서 보도했는데 그 내용을 종합해 보면, 우리나라 교사의 직업 만족도가 OECD 회원국 중에서 가장 낮았습니다. 그런데 아이러니하게도 OECD 회원국 15세 학생(중학교 2학년) 중 '장래 희망이 교사'라는 응답률은 터키에 이어 우리나라가 두 번째로 높게 나타났습니다.

반면에 '교사가 된 것을 후회한다'는 응답률은 20.1%로 OECD 회원국 중 가장 높았습니다. 이는 자신이 원해서 교사가 되었음에도 교사라는 직업에 회의를 느낀다는 것을 의미합니다. '다시 태어난다면 교사를 하겠느냐'는 질문과 '교사라는 직업에 만족하는지'를 묻는 질문의 응답률은 하위 수준이었습니다. 더 충격적인 것은 1년 차 교사의 18%가, 2년 차 교사는 무려 41%가 '다시 교사가 되고 싶지 않다'고 대답했습니다. 발령받은 후 1년 사이에 교사가 된 것을 후회하는 수가 2배 가까이 증가한 셈입니다. 학교가 어떻게 했기에 무려 신규교사의 절반에 가까운 수가 교사가 된 것을 후회했을까요?

또 같은 조사에서 교사의 근무 환경도 분석했는데, 임금 수준은 OECD 평균보다 높고 가르치는 시간은 667시간으로 OECD 평균인 772시간보다 훨씬 적었습니다(교사인 제가 실제로 느끼는 것과는 다소 차이가 있지만). 우리나라 교사는 스스로 원해서 교사가 되었고, 고용의 안정성도 높고, 비교적 처우도 괜찮고, 노동 강도도 낮은데, 조사 결과는 왜 이렇게 나타났을까요?

대전 지역에 근무하는 교사를 대상으로 한 설문조사에서는 '학교에서 시행하는 정책 중 무엇을 우선적으로 바꿔야 한다고 생각하는가'라는 질문에 '과중한 행정 업무'를 1순위로 꼽았습니다. 이는 실적 위주의 보여주기 행정 탓에 수업과 생활지도, 상담 등이 뒷전으로 밀리는 현실을 반영한 것으로 보입니다. 2순위로는 교원 평가, 차등성과급, 학교 평가 등 경쟁 위주의 불합리한 평가 제도를 꼽았는데, 이것은 협력보다는 경쟁만 조장하는 각종 제도가 교사의 사기를 크게 떨어뜨린다고 해석할 수 있습니다. 입시 및 경쟁 중심 교육 정책도 선택 항목 8개 중 3순위를 차지했

습니다. (『한겨레신문』, 교사들이 "학교 즐겁다" 하지 않는 까닭, 성광진 대전교육
연구소장, 2016.05.12.)

　　이와는 반대의 결과가 나타난 한 직업 만족도 설문조사가 있습니다.
2012년 한국고용정보원에서 실시한 직업 만족도 조사에서 초등학교 교
장의 직업 만족도가 1위로 가장 높았습니다. 반면에 평교사는 90위로 나
타났습니다. 젊어서 고생은 사서도 한다지만 완전 정반대의 결과를 접하
는 교사의 마음은 씁쓸합니다. 이 조사 결과만 놓고 보면 왜 수업이 뒷전
으로 밀리고 승진에 그렇게 목을 매는지 잘 알 수 있습니다. 오늘도 학교
곳곳에서 젊은 교사의 한숨 소리와 기를 쓰고 승진하려는 교사의 한숨
소리가 들리는 듯합니다.

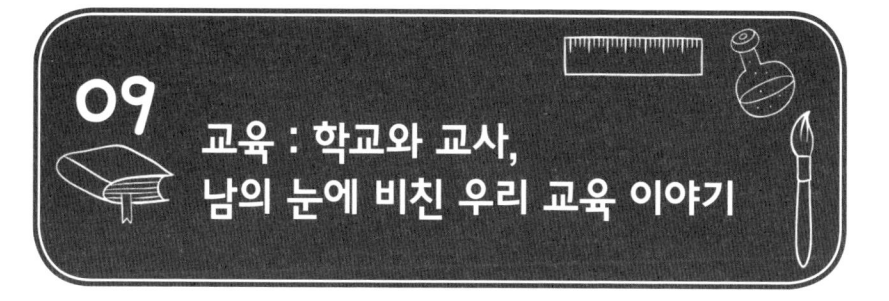

09

교육 : 학교와 교사,
남의 눈에 비친 우리 교육 이야기

　저는 아직 외국에서는 어떤 방식으로 교육하는지 경험해 보지 못했습니다. 요즘 한창 주목받는 핀란드를 비롯한 북유럽의 교육도, 가까운 일본의 교육도 둘러볼 기회가 없었습니다. 중국에 있는 한국 학교에서 근무한 경험은 있지만, 당시에는 한창 적응하느라 중국의 교육 제도를 제대로 살펴보지 못했습니다. 같은 학교에 근무하는 중국 교사에게 전해 들은 이야기로 중국의 교육은 굉장히 엄격할 것 같다는 추측만 할 수 있었습니다.

　외국 학교를 살펴본 적이 없는 교사가 남의 눈에 비친 우리 교육 이야기를 한다는 것은 모순일 수도 있습니다. 다행히 저는 귀국학생 특별학급을 맡은 적이 있습니다. 이때 한 경험을 바탕으로 이야기해 볼까 합니다. 때로는 거창한 경험보다는 일상의 소소한 경험에서 더 나은 깨달음을 얻기도 하니까요. 특히 학생들이 직접 외국 학교에서 겪은 경험을 바탕으로 아이들의 시선으로 전달하는 것이기에 어쩌면 더 진솔하고 소중할 수 있을 것입니다.

귀국학생 특별학급을 담임하면서 미국에서 온 한 학생에게 미국 학교 선생님은 어떤지 물어보았습니다. 학생은 주저하지 않고 "미국 학교 선생님은 나이스해요."라고 말했습니다. 그러면 나를 비롯한 한국 학교 선생님은 어떤지 다시 물어보았습니다. 은근히 좋은 대답을 기대했는데, 학생은 뜻밖에 대답을 했습니다.

"한국 학교 선생님은 무언가 계속 가르치려고만 해요."

이 이야기를 듣고 많은 생각이 들었습니다. 아이의 눈이지만 정확하게 핵심을 말한 것 같아 놀랐습니다. 한편으로 교육열을 나무라는 것 같아 얼굴이 빨개지기도 했습니다. 한동안 이 말이 마음속에서 떠나지 않았습니다. 지금도 가끔 스스로에게 묻고는 합니다.

학생에게 다시 "그럼 외국 학교와 한국 학교는 어떻게 다른가요?" 하고 물어보았습니다. 그런데 이번에도 뜻밖에 대답을 했습니다. 외국 학교에서는 교장 선생님을 자주 볼 수 있는데 한국 학교에서는 그렇지 않다는 것이었습니다. 미국에서 다니던 학교에서는 잘못을 저지르면 교장 선생님을 만나야 하므로 학생들은 언제나 교장 선생님을 무서워한다는 것입니다. 또 어떤 학생은 자신이 다니던 학교에서는 교장 선생님도 수업을 하므로 수업 시간에 만날 수 있는데 여기서는 그렇지 않다고 했습니다. 한국에서는 교장 선생님을 볼 수 없어 너무 좋다고 했습니다. 교사나 학생이나 교장 선생님을 잘 볼 수 없으면 좋기는 매한가지인가 봅니다.

교장 선생님 이야기를 한 김에 한 신문 기사에 실린 독일의 교장 이야기를 소개합니다. 조금 긴 내용이지만 모두 함께 읽어 보았으면 합니다.

독, 격무에 교장 기피, 처우 개선 나서

독일은 현재 심각한 교장부족 현상으로 교육행정에 빨간 불이 켜졌다. 독일 학교에서 교장은 교사들이 기피하는 직책이다. 소액의 교장 수당이나 명예에 비해 지나친 업무량으로 희생이 크기 때문이다.

노드라인베스트팔렌 한 주만 놀랍게도 6500여 개 학교 중 700여 곳 이상이 교장이 없는 상태다. 9개 학교 중 1개 학교가 공석인 셈이다. 이는 독일연방 전체에 만연된 고질적 문제다. 특히 초등교장은 이미 교사들 사이에서 3D직종으로 기피 대상이다. 전문가들은 그 중요한 원인으로 평교사에 비해 크게 높지 않은 임금 수준과 지나친 업무량을 지적하고 있다.

행정실에 직원 한 명도 없어 교장 혼자 학교행정과 잡무를 처리해야 하는 초등학교가 비일비재하다. 보통 행정실 직원은 중·고교에도 한 학교에 1~2명이 보통이다. 그런데 규모가 작은 초등학교는 행정실 직원 한 사람이 두세 개 학교의 업무를 돌아가며 처리하는 경우도 적지 않다. 상주하는 행정실 직원이 없는 초등학교 교장은 신입생 입학원서를 처리하는 일부터 정규수업, 학생지도는 물론 학교급식, 방과후 학교, 학부모 면담, 학생 분쟁 조정, 지역 도서관과의 협력수업, 수영장 등 체육시설 이용 요청까지 하루 종일 학교를 여유 있게 걸어 다닐 시간조차 없어 뛰어다니기 일쑤다. (중략)

교장이 부족하니 누구든 원하면 쉽게 될 수 있다. 초등 1년 차 교사가 교장이 되길 원한다면 간단한 연수와 교육위원회의 시험을 거친 후 보직을 받는다. 시험도 응시하는 사람이 많지 않으니 참가만 하면 대부분 합격이다. 그런데 막상 학교 현장에 가면 젊은 교장은 볼 수 없다. 교장이 되길 원하는 젊은 교사가 없기 때문이다.

교장의 과중한 업무는 독일 직장 사회의 전반적인 분위기를 반영한다. 지위가 올라갈수록 책임만 막중해지는 것이 아니라 업무량도 평직원보다 늘어나는 것이 당연시 된다. (중략)

교장의 업무가 과중한 데는 교사들의 행정참여가 절대적으로 부족하기 때문이라는 견해도 있다. 독일교사들이 잡무에 시달리지 않고 교육에만 집중할 수 있도록 학교 행정업무는 모두 교장이 맡는 쪽으로 운영되고 있어서다. 이로 인해 교장은 격무에 시달리게 되고 교장 기피현상으로 이어지고 있다. 이에 따라 교장의 업무를 일부분 교사들과 나눠야 한다는 목소리도 높아지고 있다.

독일은 올해 20~40% 교장이 교체되거나 충원돼야 하지만 뚜렷한 해결책을 제시하지 못하고 있다. 독일교원연합회는 교장부족 현상이 당분간 해소되지 않을 것으로 전망한다. 교원연합회 조사에 의하면 교사들은 교장연수를 받지 않는 이유에 대해 "나는 학생을 가르치는 일이 좋아서 선생님이 된 것이지 학교 행정을 위해서가 아니다"라고 답했다.

출처 : 「한국교육신문」, 2016.02.18.

매년 교육청에서 하는 교장 자격 연수 프로그램에 해외 선진국 견학 프로그램이 포함되어 있습니다. 물론 여기에 소개된 독일이나 북유럽, 미국도 포함되어 있겠지요. 해외 선진국 견학 프로그램을 비판할 생각은 없습니다. 현실적으로 학교에서 절대적인 권한과 영향력이 있는 교장 선생님이 그곳에서 많은 것을 배워 학교 경영에 도움이 된다면 당연히 견학은 필요할 것입니다. 한 가지 바람이 있다면 이런 해외 선진국에서 교장 선생님의 역할과 업무도 함께 배우고 왔으면 좋겠습니다.

귀국학생 학부모들은 하나같이 한국 학교를 칭찬합니다. 특히 시설 면에서 기대 이상으로 훌륭하다고 말합니다. 그런 점에서 한국 학교도 외국 학교에 비해 결코 부족하지 않다고 봅니다. 하지만 교육을 바라보는 세심함에서는 많이 떨어집니다. 좋은 시설에 어울리는 누구에게나 세심한 학교가 되었으면 합니다.

10

제도
: 모든 것은 교장 탓?

지금까지는 학교에 생긴 많은 문제점을 교장 탓으로만 돌린 측면이 있습니다. 잘되면 내 탓이고 안 되면 남의 탓으로 돌리는 못된 심보이지요. 당사자인 관리자 입장에서는 여기에서 언급한 내용이 매우 불편할 것입니다. 모든 것을 교장 탓으로 돌리는 것처럼 보이나, 엄밀하게 말하면 '교장 제도 탓'이고 잘못된 '승진 제도 탓'입니다. 기형적인 교장 제도 속에서 일어나는 불가피한 현상이라고 볼 수 있습니다.

학교에서 교장은 막강한 영향력을 행사합니다. 한때 학교장의 명령에 따라 교육하던 시절이 있었을 정도로 그 권력 또한 막강합니다.

직무		근거
교무 통할 (학교 운영 및 학사 운영)	학교 규칙 제정	초·중등교육법 제8조
	학생 징계	초·중등교육법 제18조
	교육 과정 운영	초·중등교육법 제23조
	학교생활기록부 작성	초·중등교육법 제25조
	조기 진급 및 졸업	초·중등교육법 제27조
	학교 회계 운영	초·중등교육법 제30조의3
	전학 업무	초·중등교육법 시행령 제21조 등
	의무 교육 독촉 및 경고	초·중등교육법 시행령 제25조
	학생 자치 활동 지원	초·중등교육법 시행령 제30조
	학기, 수업일수, 휴업일 결정	초·중등교육법 시행령 제44조, 제45조, 제47조
	학급 편성	초·중등교육법 시행령 제46조
	수업 운영 방식 및 시종 시각 결정	초·중등교육법 시행령 제48조, 제49조
	학교운영위원회 존중(당연직 위원)	초·중등교육법 시행령 제59조, 제60조
	고교 입학 전형 실시	초·중등교육법 시행령 제77조
소속 교직원 지도 감독	근무 성적 평정(확인자)	교육공무원 승진규정 제28조의2
	교사 초빙	교육공무원법 제31조
	겸임교사, 강사 등 임용	초·중등교육법 시행령 제42조
	보직교사, 기간제교사 등 임용(교육장 재위임)	시도 교육감 행정권한 위임에 관한 규칙
	휴·복직 등 허가(교육장 재위임)	시도 교육감 행정권한 위임에 관한 규칙

직무		근거
소속 교직원 지도 감독	연수 허가	교육공무원법 제41조
	장학 지도(교육감 위임)	초·중등교육법 제7조
	근무 상황의 관리	공무원 근무사항에 관한 규칙 제3조, 제4조
	취임 선서(성실, 청렴, 품위 유지 등)	국가공무원법 제55조
학생 교육	학습 부진아 등 판별, 교육, 위탁	초·중등교육법 시행령 제54조
	학교 폭력 예방 교육 및 각종 조치	학교폭력예방 및 대책에 관한 법률 제15조 등
	각종 훈화 등	초·중등교육법 제20조

출처 : 『교사가 바꾸는 교육법』, 권재원 외

교장은 교무 업무부터 소속 교원 관리, 학생 교육까지 학교 전반에 걸쳐 모든 권력을 누리고 있다고 해도 과언이 아닙니다. 이렇게 막강한 권력을 지녔음에도 정작 이를 견제할 장치는 없습니다. 교장은 선출직이 아니기 때문에 선거로 심판할 수도 없습니다. 사실상 '교육'이라는 이름으로 할 수 있는 권력을 무제한으로 누릴 수 있습니다.

학교가 본래의 모습을 잃고 수업이 표류하는 가장 큰 이유는 지금의 교장 제도 때문입니다. 이미 알 만한 사람은 다 아는 이야기라 새삼스럽지도 않습니다. 그러나 이것을 '소리 없는 아우성'이라고 하기에는 현장에서 느끼는 교장 제도의 폐해가 너무나 큽니다. 이것이 '소리 없는 아우성'임을 알면서도 다시 이야기하는 이유입니다.

깃발

- 유치환

이것은 소리 없는 아우성
저 푸른 해원을 향하여 흔드는
영원한 노스탤지어의 손수건

순정은 물결같이 바람에 나부끼고
오로지 맑고 곧은 이념의 푯대 끝에
애수는 백로처럼 날개를 펴다

아! 누구인가?
이렇게 슬프고도 애달픈 마음을
맨 처음 공중에 달 줄을 안 그는

유치환의 시 「깃발」을 고등학교 때 우리는 "이상향에 도달할 수 없다는 것을 알면서도 깃발을 내걸 수밖에 없는 인간 존재의 모순과 부조리를 '깃발'로 나타내고 있다."라고 배웠습니다. 또 '그처럼 불가능한 것이기에 열망이 그토록 간절하게 나타난 것'이라고도 배웠습니다. 이런 외침을 '소리 없는 아우성'으로 끝내지 않으려면 법과 제도를 바꿔야 합니다. 교사의 눈으로, 교사의 입장에서 현재의 법과 제도를 바꿔야 합니다. 모든 문제의 해결은 결국 법과 제도로 완성됩니다. 그동안 교사는 법에 너

무 무관심했었습니다. 교육 전공 교과 과정에 교육법 강좌를 개설할 만
도 한데, 어느 대학교에서 교육법을 가르친다는 이야기는 한번도 들은 적
이 없습니다. 그 흔한 교양 과목으로도 교육법을 다루는 교육 관련 대학
교가 없습니다. 교원단체도 교육법에 무관심하기는 마찬가지입니다. 각
단체의 이해관계에 따라 각자의 목소리를 낼 뿐 정작 교사의 눈으로 바
로 볼 수 있는 교육법 개정에는 무관심합니다. 교원단체의 위용이 높아지
면서 특정 교원단체 소속의 교사가 국회의원에 당선되기도 했으나, 그들
역시도 입법 제안을 하지 않았습니다. 매우 유감스럽습니다. 비정상적으
로 제도를 운영하는 것을 알고 있음에도 아무런 행동도 취하지 않는다면
교원단체는 정치적이라는 비난을 받을 수밖에 없습니다. 특히 전교조는
교사를 대표한다는 자세로 교사의 입법 운동에 앞장서야 할 것입니다. 현
재의 승진 제도를 가장 반대하는 조직이 전교조 아닌가요?

『교사가 바꾸는 교육법』(권재원 외)에서 교육법의 문제점과 대안으로 일
선 교사들이 교육 개혁 입법안을 제안했습니다. 저는 교사 운동도 교사
입법 운동으로 그 방향을 전환해야 한다고 생각합니다. 모든 문제는 완
전한 법과 제도의 완성으로 해결할 수 있을 테니까요.

영화 속 교사, 학교, 교육

교사가 되고 처음으로 학년 문화 체험의 날을 맞아 동학년 교사들과 함께 영화관으로 첫 나들이를 나갔습니다. 일과 시간에 어두컴컴한 영화관에 앉아 교사들과 함께 영화를 보는 재미를 초등학교 교사라면 한번쯤은 경험해 봤을 것입니다.

영화는 사람들이 살아가는 모습을 시각적으로 제공합니다. 영화는 현실적인 삶의 모습과 문제를 고스란히 재현하기도 합니다. 영화에 학교, 교사, 교육이 심심찮게 등장하는 것도 영화가 이런 현실을 반영하기 때문입니다. 영화 속에 등장하는 교사와 영화 속 삶의 공간인 학교, 그곳에서 일어나는 교육들을 지금부터 살펴봅니다.

혹시 영화 속에서 교사가 어떻게 등장했는지 기억하나요? 영화 속에 등장하는 교사는 대부분 새로 부임한 전입교사였습니다. 〈스쿨 오브 락〉

의 듀이, 〈죽은 시인의 사회〉의 키팅, 〈꽃피는 봄이 오면〉의 현우, 〈선생 김봉두〉의 김봉두, 〈지상의 별처럼〉의 니쿰브, 〈홀랜드 오퍼스〉의 홀랜드, 〈언제나 마음은 태양〉의 색커리 등 언제나 학교에 교사가 새로 부임하면서 영화는 시작합니다.

그렇다면 영화 속 교사는 왜 항상 새로 부임할까요? 아마도 보수적인 학교에 변화를 요구하는 사회의 염원이 투영되지 않았을까 합니다. 전통적 인식에서 학교는 늘 보수적이고, 낡고 고루한 집단입니다. 이런 보수적 집단에서 변화를 이끌 개혁적인 인물로 새로운 사람(교사)을 등장시키고, 기존 학교 교육을 비판하는 이 새로운 교사를 주축으로 다양한 시도를 하고 싶은 사회적 욕구가 영화에 반영된 것은 아닐까요?

"학교는 학생만 성장하는 곳이 아니라, 교사도 성장하는 곳이다."

영화 속에 등장하는 교사가 항상 반듯한 것은 아닙니다. 아니 오히려 무언가 부족하거나 현실에 적응하지 못하거나 비리에 연루되었거나 교사 자격이 없을 때가 더 많습니다.

〈선생 김봉두〉에서 교사는 금품을 받아 강원도로 좌천되었습니다. 〈홀랜드 오퍼스〉와 〈꽃피는 봄이 오면〉에서는 음악가인 교사가 현실 세계에서 도피하거나 생계를 유지하려고 학교로 옵니다. 심지어 〈스쿨 오브 락〉에서는 교사 자격이 없는 사람이 불법으로 취업합니다.

하지만 이들 영화에 나오는 교사는 학교라는 울타리 안에서 학생들을 가르치며 그들과 교감하면서 교사로서 자아를 찾아갑니다. 그리고 어느새 성장하는 자신의 모습을 깨닫고는 교사로서 정체성을 찾는 일종의 교사 성장 드라마입니다.

'교사가 가르치는 일에서 배우지 못하면 진정한 교사가 아니다'는 말처럼 영화 속 교사는 학생과 더불어 학교에서 더 큰 깨달음과 배움을 얻습니다. 학교는 학생들만 배우는 곳이 아니라 교사에게도 배움을 주는 곳입니다. '교사가 깨닫는 만큼 학생도 깨닫는다'는 말이 가장 잘 어울리지 않나 싶습니다.

반면에 〈죽은 시인의 사회〉의 '키팅' 선생님은 획일화된 교육 방식에 강력한 대안을 제시하는 교사입니다. 인간성이 사라져 가는 현대 교육을 비판하고 성찰하는 교사상을 보여 줍니다. 〈여왕의 교실〉의 '마' 선생님 또한 절대적인 카리스마로 자신만의 신념으로 학생을 가르치는 교사상을 보여 줍니다.

『영화로 만나는 교육학』(정영근)에서는 〈굿 윌 헌팅〉의 교사 유형을 두 가지로 나누어 설명하고 있습니다. 하나는 인간의 자아실현을 타고난 재능과 능력을 발휘하는 것에서 파악하려는 교수 제럴드 램보입니다. 또 다른 유형은 자신을 사랑하고 신뢰하면서 고유한 존재 의미를 추구하는 인간 교육을 꿈꾸는 교수 숀 맥과이어입니다.

영화 속에서 교육은 부조리한 사회를 재생산하기도 하고, 부조리한 사회에 맞서기도 합니다. 특히 〈죽은 시인의 사회〉에서는 입시 문제와 명문 대학 진학, 획일화된 교육 등 우리 교육이 겪는 문제점을 고스란히 보여 줘 기억 속에 오래도록 남습니다. '키팅' 선생님은 교육 과정을 재구성하고 교과통합이나 융합 교육을 시도하는 등 한국혁신학교의 원조이거나 적어도 모델 정도는 되었지 않나 생각합니다. 그러나 결국 기존 문화의 한계에 부딪쳐 학교에서 쫓겨나는 장면에서는 아쉬움이 컸습니다.

〈핑크 플로이드의 더 월〉에서는 학교를 사회 제도에 맞춰 획일적인 인간을 생산하는 기계처럼 묘사합니다. 이 강렬한 메시지 때문에 우리나라에서는 17년이 지난 후에야 개봉할 수 있었습니다.

인도 영화 〈세 얼간이〉는 취업과 경쟁만을 강조하는 대학 교육을 강력하게 비판합니다. 인도 영화 특유의 긴 상영 시간과 노래와 춤으로 엮여 있습니다. MIT대학교에 지원한 인도 학생에게 한 면접관이 왜 이곳에 지원했냐고 묻습니다. 그러자 학생은 IIT에 떨어져서 MIT에 지원했다고 말하는데, 이 장면에서 IIT로 대변되는 인도 특유의 입시 경쟁이 대단하다는 것을 알 수 있습니다.

교사에게 이런 교육 영화는 현실을 대변하는 영화이기도 하고, 꿈꾸는 이상향이기도 합니다. 다음은 제 마음대로 선별한 교육 영화 목록입니다.

제목	제작년도	관람 등급	국가	상영 시간
언제나 마음은 태양(To Sir, With Love)	1967년	12세	영국	105분
죽은 시인의 사회(Dead Poets Society)	1989년	전체	미국	128분
포레스트 검프(Forrest Gump)	1994년	12세	미국	142분
위험한 아이들(Dangerous Minds)	1995년	15세	미국	99분
홀랜드 오퍼스(Mr. Holland's Opus)	1995년	전체	미국	143분
굿 윌 헌팅(Good Will Hunting)	1997년	15세	미국	126분
여고괴담 시리즈	1998년	15세	한국	107분

제목	제작년도	관람 등급	국가	상영 시간
짱	1998년	15세	한국	107분
핑크 플로이드의 더 월(Pink Floyd: The Wall, 1982)	1999년	청소년 관람 불가	영국	99분
책상 서랍 속의 동화(一個都不能少)	1999년	전체	중국	106분
칠판(Blackboards, Takhte Siah)	2000년	등급 없음	이란	85분
파인딩 포레스터(Finding Forrester)	2000년	12세	미국	133분
아름다운 세상을 위하여(Pay It Forward)	2000년	12세	미국	122분
친구 1	2001년	청소년 관람 불가	한국	115분
선생 김봉두	2003년	12세	한국	117분
스쿨 오브 락(The School Of Rock)	2003년	전체	미국	108분
모나리자 스마일(Mona Lisa Smile)	2003년	12세	미국	117분
꽃피는 봄이 오면	2004년	12세	한국	128분
말죽거리 잔혹사	2004년	15세	한국	116분
블랙(Black)	2005년	전체	인도	124분
여왕의 교실(女王の教室)	2005년	전체	일본	TV 드라마 총 11부
지상의 별처럼(Like Stars on Earth)	2007년	전체	인도	163분
세 얼간이(3 Idiots)	2009년	12세	인도	171분
머니볼(Moneyball)	2011년	12세	미국	133분
파파로티	2012년	15세	한국	127분

나는 수업하러
학교에 간다

:2부:

수업, 누구를 위하여 종을 울리나?

01 수업을 망치는 경건한 수업

"선생님은 수업을 잘하시나요?"

어느 연수에서 이런 질문을 한 적이 있었습니다. 이렇게 질문하자마자 연수장 안에는 어색한 침묵이 흘렀습니다. 순간 질문을 잘못한 것을 깨닫고는 다시 질문을 했습니다.

"선생님은 수업을 잘하고 싶으십니까?"

이 질문도 역시 반응이 전과 별반 다르지 않았습니다. 저는 이런 자리에서는 하면 안 되는 질문을 한 것입니다. 어떠한 경우에도 수업을 이야기하면 안 된다는 '수업의 불문율'을 어긴 셈입니다.

교사는 매일 수업을 합니다. 수업이 교사의 일상이자 생활입니다. 그러나 막상 '수업'을 이야기하려고 하면 교사는 엄숙해집니다. 말문은 막히고 왠지 작아지는 자신을 발견합니다. 사실 첫 번째 질문은 그렇더라도 두 번째 질문에 대답하지 못할 이유가 전혀 없는데도 말입니다. 수업을 대하는 교사들의 마음은 엄숙하다 못해 성스럽기까지 합니다. 교사가 수업을 대하는 이런 태도를 저는 '수업을 대하는 교사의 엄숙주의'라고 말하고 싶습니다.

매일 수업을 하는 교사이기에 누구보다도 수업에서 할 말이 많을 텐데도 왜 유독 '수업'에만 침묵하고 엄숙한 것일까요?

여러 가지 의견이 있겠지만, 나름대로 몇 가지를 정리해 보았습니다.

첫째, 교사는 수업에서 전문가로서 인정을 받아야 한다고 생각합니다.

수업 설계에서 수업 후 활동까지 모든 면에서 전문가적인 모습을 보여야 한다고 말이죠. 전문적인 이론을 바탕으로 전문적인 용어로 전문적으로 설명해야 하는 것이지요. 교사의 이런 생각을 반영이라도 하듯 수많은 수업 이론이 등장했습니다. 그리고 전문가들은 이 이론을 참고하여 수업을 '전문적'으로 살펴보려고 합니다.

예를 들어 수업은 크게 수업 전 수업 설계와 본 수업, 수업 후 성찰 및 평가로 구성됩니다. 이 과정에서 챙겨야 할 것을 모아 놓은 수업평가척도표를 살펴보겠습니다. 다음은 흔히 볼 수 있는 수업평가척도표의 평가 요소를 정리한 표입니다.

종류 \ 과정	A	B	C	D	E
수업 전	32	20			6
지도안	40				
수업 관찰	26	29	30		12
수업 후	30				3
기타		30		12	
계	128	79	30	12	21

　　대부분의 수업평가척도표는 수업 전, 지도안 작성, 수업 중 관찰 활동, 수업 후 활동으로 분류합니다. 이것은 다시 각 영역별로 항목 3~6개로 세분화합니다. 이렇게 잘게 세분화했기에 점검해야 할 항목만 더욱 늘어납니다. 앞의 표에서 보면 세부 항목은 작게는 10여 개에서 많게는 128개까지 있습니다. 한편으론 매우 분석적이고 전문적인 방법으로 '수업'에 접근하는 것처럼 보입니다. 그러나 교사의 전문성이 아무리 뛰어나다고 한들 이 많은 수업평가척도표를 다 만족시킬 수는 없습니다. 모든 병을 고치는 '화타'가 와도 못 고친다는 말도 있듯이, 이것을 모두 고려해야 한다면 '화타'가 아니라 '수업의 신'이 와도 수업을 하지 못할 것입니다.

　　초등학교의 수업 시간은 40분인데, 이 수업평가척도표 대로 하려면 30초에 하나씩 점검해야 하는 상황이 발생합니다. 40분 수업하자고 이렇게 많은 항목을 점검해야 한다면 교사는 수업을 하기도 전에 질릴 것입니다. 항목이 너무 많은 매뉴얼은 지키기 어렵습니다. 한때 복잡한 안전

매뉴얼이 문제가 된 적이 있습니다. 너무 복잡해서 오히려 잘 지키지 않는 부작용만 낳았습니다.

둘째, 대부분의 교사는 수동적입니다.

학교에서는 부당하게 간섭하거나 강제하는 사항이 너무 많습니다. 교사로서 누려야 하는 자유로운 교과 연구나 연구 활동은 보장되지 않습니다. 이런 환경에 자주 노출되다 보니 교사는 경험으로 말하지 않고 가만히 있는 것이 상책임을 잘 압니다.

셋째, 교사 스스로 자신을 검열합니다.

동료교사들과 수업을 이야기하다 보면 종종 "그렇게 해도 될까요?" 하는 말을 듣습니다. 광고는 상업적이라서 안 되고 예능은 너무 가벼워서 안 된다는 것입니다. 공개수업이라도 할라치면 자기 검열은 더 심해집니다.

언젠가 〈개그콘서트〉의 한 코너인 '리얼 사운드'를 이용하여 흉내 내는 말 수업을 할 때였습니다. 수업을 참관하던 한 교사가 저에게 〈개그콘서트〉를 수업에 활용해도 되냐고 물었습니다. 제가 "왜 안 되지요?"라고 반문하자, 그 교사는 프로그램 시청 가능 연령이 15세라는 것이었습니다. 물론 맞는 말입니다. 〈개그콘서트〉가 15세 이상 시청 가능한 프로그램인 것은 맞습니다. 하지만 그것은 전체적인 프로그램 성격상 일부 내용이나 표현이 15세 이하가 시청하기에는 부적절하여 시청 등급을 15세 이상으로 매긴 것입니다. 수업에 활용한 내용은 냄비 끓는 소리 등으로 시청 등급과는 아무런 상관이 없었습니다. 또 실제로도 〈개그콘서트〉는 이미 많은 학생이 시청하는 프로그램입니다.

노래나 예능, 상표가 들어 있는 자료를 수업에 활용할 때도 지나치게 걱정하는 모습을 볼 수 있습니다. 정작 학생들은 아무렇지 않게 받아들이는데 교사만 미리 걱정하고 자기 검열을 하는 것입니다. 이는 수업을 할 때 '고려할 사항'과 '검열할 사항'을 착각하여 나타나는 현상입니다.

자기 검열의 덫에 빠진 수업은 소재를 한정시키고 주제를 좁히기 때문에 생동감이 없는 수업이 되기 쉽습니다. 또 수업은 현실을 반영해야 한다는 교육 흐름과도 맞지 않습니다. 자기 검열로 걸러 낸 수업은 순수한 물과 같습니다. 순수한 물은 깨끗하지만 맛도 없고 건강에도 큰 도움을 주지 못합니다. 자기 검열이라는 장막으로 수업을 가두어 놓으면 현실과 격리된 식물 수업이 되고, 개성이 강하고 창의적인 수업을 원천적으로 배척하는 꼴입니다.

넷째, 수업은 완벽해야 한다는 생각이 교사를 짓누릅니다.

교사는 수업을 시작하기 전에 모든 것을 다 고려하고 따져야 한다고 생각합니다. 그리고 그것을 수업에 모두 반영하려고 합니다. 이런 생각은 수업에서 즉흥성을 인정하지 않는 결과를 초래합니다. 가장 예쁜 얼굴에 가장 예쁜 눈과 가장 예쁜 코, 가장 예쁜 입을 합성하면 최고의 미인이 아니라 이상하고 어색한 얼굴이 됩니다. 완벽한 수업을 꿈꾸다가 자칫 즉흥적이고 생동감 넘치는 수업을 시도조차 하지 못할지도 모릅니다.

'소통', '편안하다', '형식을 파괴하는 것이 좋았다', '수업에는 정답이 없다', '비타민', '격식과 형식이 없는 자유분방함', '교사와 학생 사이의 거리감 없이 서로를 존중하고 소통하는 모습이 좋았다', '넘치는 활력을 받

고 싶다', '늘 에너지가 넘치고 아이들의 얼굴이 행복한 모습이 보기 좋
았다'

이것은 제가 공개수업을 한 후 수업이 어떠했는지 묻는 질문에 다른
교사들이 한 대답입니다. 조금 헐렁한 지도안, 조금 자유로운 수업 방식
으로 수업을 했을 뿐이었는데, 다들 수업에서 자유롭고 편안함을 느꼈다
고 했습니다. 그날 수업협의회는 퇴근 시간이 지나서까지 계속되었습니
다. 그리고 교사들은 수업을 이야기할 수 있는 적절한 여건만 구비된다면
누구보다도 서로 수업을 이야기하고 함께 나누고 싶어 한다는 것을 깨달
았습니다. 다만 현재 하는 수업은 너무 성스럽고 엄숙하여 다가가기조차
두렵기에 잘 이야기하지 않는 것뿐입니다. '수업을 대하는 교사의 엄숙주
의'가 오히려 자유로운 수업 논의를 막는 것은 아닌지 수업협의회가 끝난
후에도 한참을 생각에 잠겼습니다.

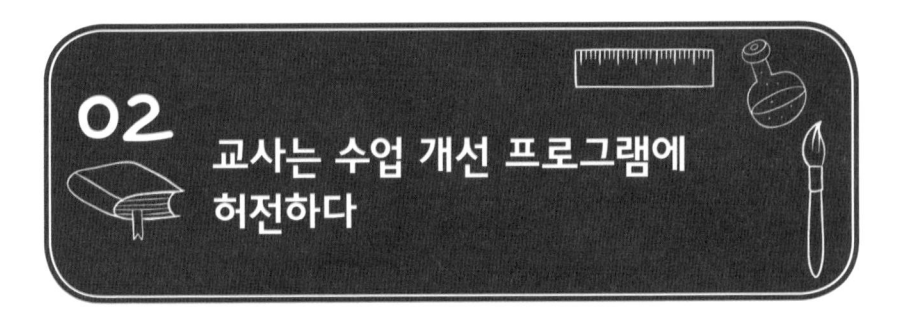

O2 교사는 수업 개선 프로그램에 허전하다

미국의 수업 연구자 도일(Doyle, 1986)은 교실 수업이 갖는 복잡성을 '교실 수업의 생태학적 특성'이라며 이렇게 설명합니다.

수업의 다양성입니다(Multi-dimensionality). 교사는 학습자들의 배경, 필요, 능력, 동기 등 다층적인 수준을 고려하여 수업에 반영해야 합니다. 동시성입니다(Simultaneity). 수업 상황에서는 많은 일들이 한 번에 동시에 일어납니다. 즉시성입니다(Immediacy). 교사는 수업 도중 부닥치는 일들에 대해 그러한 일들이 일어나는 즉시 반응해야 합니다. 또 예측불가하며 공개적입니다(Unpredictable and public classroom climate). 교실에서의 일들은 예상치 못한 방식으로 일어나며 한 학생이나 교사에게 일어나는 일은 다른 모든 학생에게 관찰 가능한 대상입니다. 수업은 역사성

(History)을 갖습니다. 한 시간의 수업이 일 년 간 해당 학급 교실문화의 역사로 구성되는 것입니다. (경기도교육연수원 전문적 학습 공동체 연수 자료)

꼭 도일의 지적이 아니더라도 수업에 어려움이 있다는 것은 경험으로도 알 수 있습니다. 교과 전담 교사일 때 같은 수업을 여러 번 했지만, 그 결과는 매번 달랐습니다. 이렇듯 수업은 대단히 예민하며 환경에 영향을 받습니다. 수업 중에 한 말 한마디에도 수업의 흐름이 바뀌기도 합니다.

교사에게 수업은 언제나 호락호락하지 않으며, 늘 어려움을 겪게 마련입니다. 잘되면 다행이고, 안 되면 거기에서 오는 자괴감은 오롯이 교사의 몫입니다. 그래서 교사는 외로운 존재이기도 합니다.

수업에서 느끼는 이런 교사의 어려움을 지원하는 여러 가지 수업 개선 프로그램이 있습니다. 수업장학, 수업컨설팅, 수업멘토링, 수업코칭, 수업성찰, 수업비평 등이 그 예입니다.

수업장학은 가장 오랜 기간 동안 사용한 프로그램입니다. 장학사나 관리자가 수업을 평가하고 대안을 처방하는 것으로, 일방적이고 형식적인 면이 강합니다. 알퐁스 도데의 『마지막 수업』에 나오는 장학사나 학창 시절 장학사의 모습을 떠올리면 쉽습니다. 학창 시절에는 공개수업에 더해 교실까지 완벽하게 청소해야 하는 고통도 안겨 주었지요. 장학은 일제강점기 때 조선인 학생과 조선인 교사를 감시하는 좋은 도구였는데, 그것이 지금껏 이어져 내려온 것입니다.

수업컨설팅은 수업 개선을 원하는 교사가 자발적으로 전문가인 컨설턴트에게 의뢰하여 문제를 해결하는 방식입니다. 수업컨설팅은 수업장학에 비해 자발성이 높습니다. 지금까지 관리자 중심의 수업장학에서 교사 중심으로 그 논의의 관점을 바꿨다는 것에 큰 의의가 있습니다. 그러나 교육지원청 단위로 컨설팅 지원단을 인위적으로 꾸려 운영할 때가 많아 자발성에 의문이 들기도 합니다.

수업멘토링은 수업 멘토와 멘티가 조금 더 사적이고 친밀한 관계로 경험이 많은 멘토 교사가 멘티 교사에게 자신의 숙련된 경험을 전달하는 형식입니다. 사적인 관계를 맺으며 수업뿐만 아니라 학교생활 등 전반적인 이야기를 나눌 수 있어 효과적일 수 있으나, 학교 현장에서 실제로 이런 관계를 맺기란 쉽지 않습니다. 또 인위적인 멘토링 사업은 형식적인 관계로 끝나기 쉽습니다. 멘토-멘티 관계는 사적인 정서적 유대감이 크게 작용하는데, 교육청이나 학교에서 인위적으로 멘토-멘티 관계를 맺으면 이 사적인 정서가 작용할 수 없습니다.

수업코칭은 코칭 전문가의 체계화된 프로그램에 따라 수업 개선을 진행하는 것으로 코치는 안내자 역할만 할 뿐 실질적인 답은 코칭을 받는 교사가 찾게 합니다. 이 과정을 통해 교사는 자기 수업을 반성하면서 수업 개선의 주체가 됩니다. (『교사, 수업에서 나를 만나다』, 김태현)

그러나 수업코칭 역시 체계화된 프로그램과 코칭 전문가가 턱없이 부족하여 이론으로 그치거나 수업컨설팅의 한 종류로 여길 수 있습니다.

수업비평은 '교사와 학생들이 함께 구성해 가는 수업 현상을 하나의 분석 텍스트로 하여 수업 활동의 과학성과 예술성, 수업 참여자의 의도와 언행, 교과와 사회적 맥락 등을 종합적으로 고려하면서 수업을 기술, 분석, 해석, 평가하는 비판적이고 창조적인 글쓰기'입니다. (『수업, 비평을 만

나다』, 이혁규 외)

이렇듯 다양한 수업 개선 프로그램이 있음에도 왜 교사들은 이것을 볼 때마다 마음이 더 허전할까요?

그동안 수업과 수업 개선 논의는 주로 교육 당국이 주도해 왔습니다. 수업을 하는 사람은 교사인데도 정작 교사들은 교육 당국이 주도하는 대로 따라가기도 벅찼습니다. 이것은 교사를 수동적인 존재로만 인식하기 때문일 것입니다. 즉, 교사를 수업 개선의 주체가 아닌 대상으로 인식했던 것입니다. 교사는 학습 대상이 아니라 스스로 학습하는 주체자입니다.

수업의 문제는 교사가 풀어 가야 합니다. 교사는 수업을 하는 사람이고, 수업이라는 실체와 매일 만나는 사람입니다. 누구보다도 수업을 잘 알고 있습니다. 교사만이 문제를 해결할 수 있다는 사실은 교사들의 자발적인 활동 사례로 이미 입증되었습니다. 이런 활발한 모임에서 이미 수업으로 스타가 된 선생님도 탄생하고 있습니다. 교사에게는 임상 경험이라는 커다란 자산이 있습니다. 교육기관은 교사의 이런 임상 경험을 믿고 이것을 활용할 수 있도록 지원해야 합니다. 한편에서는 수업 개선 프로그램까지 교사가 주체가 된다면 업무만 더 가중하는 것이 아니냐는 우려를 제기합니다. 그러나 교사는 이런 일로 바빠야 하는 사람입니다. 지금 하는 '잡무'는 덜어 내고 이런 일로 그 자리를 메워야 합니다.

	수업장학	수업컨설팅	수업멘토링	수업코칭	수업성찰
목적	교사의 수업 능력을 객관적으로 평가하고 분석	컨설팅을 의뢰한 교사의 문제를 해결	수업 멘토의 역량을 수업 멘티에게 전수	교사가 스스로 수업을 돌아보고 문제를 해결	교사가 스스로 수업을 돌아보고 문제를 해결
방법	장학사의 일방적인 분석과 처방을 수업장학을 받는 교사에게 전달	컨설턴트가 의뢰받은 문제를 중심으로 의뢰인 교사에게 조언	멘토의 경험적 지식을 상담으로 멘티 교사에게 전수	코칭 전문가의 체계화된 안내로 코칭을 받는 교사가 스스로 수업을 개선	동료 교사 간에 성찰적인 질문을 던져 자신의 수업을 돌아보고 내면과 깊은 대화를 나누면서 스스로 수업을 개선
관계	평가자−평가받는자 : 강한 수직적 관계	컨설턴트−의뢰자 : 약한 수직적 관계	멘토−멘티 : 약한 수평적 관계	코칭−코치이 : 약한 수직적 관계	친구−친구 : 강한 수평적 관계
장점	교사의 수업 역량을 객관적, 효율적으로 측정	수업 컨설턴트의 체계적인 분석으로 수업을 하려는 교사의 문제를 잘 도와줄 수 있음	비교적 편안한 분위기에서 멘토의 이야기를 듣기에 구체적이고 실질적인 대안을 얻을 수 있음	체계화된 프로그램으로 수업에서 겪는 어려움과 아픔을 이야기하면서 스스로 수업을 성찰할 수 있는 기회를 가짐	학교 현장에서 가장 손쉽게 수업을 개선할 수 있는 접근으로, 동료성을 바탕으로 하기에 수업뿐만 아니라 학교 전반의 문제를 해결할 수 있음

	수업장학	수업컨설팅	수업멘토링	수업코칭	수업성찰
단점	획일화된 기준으로만 수업을 평가하여 교사의 개성 소멸, 수업하는 교사의 문제점을 개선하기보다는 의욕을 떨어뜨림	교사의 내면 문제는 도와줄 수 없어 피상적인 해결책만 제시할 가능성이 높음. 수업 개선에서 교사를 의존적인 존재로 만들 수 있음	멘티가 지나치게 멘토를 의지하여 수업 개선에서 교사를 의존적인 존재로 만들 수 있음. 숙련된 멘토교사가 부족	코칭 전문가가 없으면 수업코칭을 할 수 없음. 수업코칭 전문가가 많이 부족	장기적으로 만나야 수업 개선의 효과를 볼 수 있고, 자칫하면 성찰 모임이 아니라 사교 모임으로 전락할 수 있음

출처 : 『교사, 수업에서 나를 만나다』, 김태현

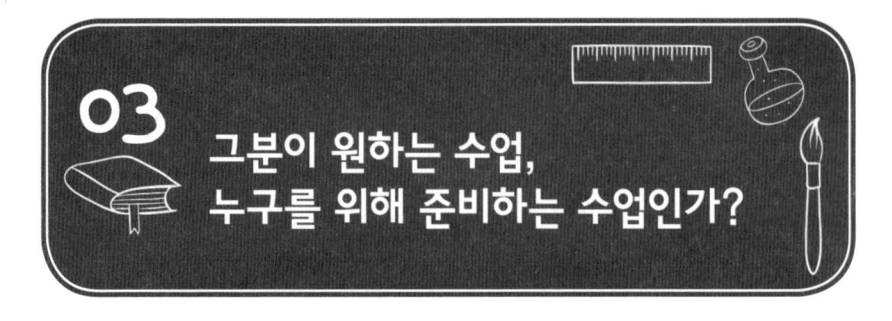

03 그분이 원하는 수업, 누구를 위해 준비하는 수업인가?

교내 공개수업 일화 1

교내 공개수업을 앞두고 수업컨설팅을 할 때였습니다. 공개수업을 할 교사가 지도안을 2개나 가져왔습니다. 보통 지도안을 한 개 쓰기도 힘든데 2개씩이나 가져온 것이 이상했습니다. 하나는 형식에 맞게 잘 짠 공개수업 맞춤형 지도안처럼 보였고, 다른 하나는 다소 생소하고 도전적인 지도안처럼 보였습니다.

교사는 이 지도안 중에서 무엇으로 수업해야 할지 잘 모르겠다고 했습니다. 그래서 저는 그에게 이렇게 물어보았습니다. "선생님은 어떤 수업을 하고 싶은가요?"

그러자 그는 "마음은 도전적인 수업을 하고 싶은데 동료교사들이 극구 말리네요."라고 말했습니다. 왜 굳이 어려운 수업을 사서 하느냐고 말이죠. 그 교사의 이야기를 들으니 저도 고민이 많아졌습니다. 당연히 도전적이고 새로운 수업을 시도하는 것이 맞지만 괜히 어려운 수업을 선택해서 망치지는 않을까 걱정이 앞섰습니다.

결국 교사는 안전한 방식의 수업을 선택했습니다. 교사는 자신이 원하는 수업이 아니라 그분이 원하는 수업을 선택한 것입니다. 그리고 그 선택은 적어도 외형적으로는 성공을 거뒀습니다.

교내 공개수업 일화 2

30년 경력의 노련한 교사가 지도안을 가져왔습니다. 적당한 활동에 적당한 토의가 있고 협력 학습도 잘된 지도안이었습니다. 그런데 뭔가 허전한 느낌을 지울 수 없어 솔직하게 의견을 말했습니다. 교사는 오랜 경험으로 공개수업에서 그분이 좋아할 만한 요소를 골고루 넣어서 지도안을 완성했다고 했습니다.

수업에는 왕도가 없다고 하지만, 한 분야에서 30년간 수업한 교사도 자신의 수업에서 눈치를 봅니다. 현실은 30년 된 노련한 교사조차도 자신의 경험과 소신을 마음껏 발휘할 수 없습니다.

교내 공개수업 일화 3

한 교사가 공개수업 때문에 찾아왔습니다. 교사는 교육 연극에 관심이 많았습니다. 국어 과목에서 한 단원 전체를 교육 연극으로 구성하여 수업하고 싶어 했습니다. 교육 연극의 특성상 수업을 재구성하여 여러 차시를 수업해야 하기 때문에 긴 호흡이 필요합니다. 그러나 문제는 교내 공개수업이었습니다. 10차시 정도 되는 단원 중에 어느 차시를 보여 주어야 할지 고민이 된 것입니다. 단원을 재구성했기에 단원 전체의 수업 내용은 참 좋았으나 1시간짜리인 공개수업용으로는 적당하지 않았던 것이지요. 단원 전체를 모두 보여 주어야 하는데 그렇게 할 수도 없었고요. 수업 내용 중 일부만 공개하니 연습하는 장면만 보여 주는 셈이라 공개수업으로 적당하지 않았던 것입니다. 결국 선생님은 전체 수업의 흐름을 바꿔야만 했습니다. 가장 임팩트 있는 부분을 보여 주려고 수업의 흐름을 바꾸다 보니 오히려 어색하고 인위적인 수업이 되고 말았습니다.

물론 그분이 원하는 수업도 이렇지는 않을 것입니다. 그러나 현실은 이렇습니다. 공개수업에서 수업의 본질은 사라지고 어느새 참관자의 취향만 남습니다. 이런 공개수업을 볼 때마다 머릿속이 복잡합니다. 과연 '누구를 위해 이 수업을 하는가?'라는 원천적인 의문을 갖게 됩니다. 지금까지 나는 누구를 위해 수업을 준비한 것일까? 내가 발전하려고 준비한 수업인지, 남에게 보여 주려고 준비한 수업인지, 아니면 학생들을 성장하게 하려고 준비한 수업인지, 이제껏 준비했던 수많은 공개수업에서 과연 '학생'은 있었는지 반성해 봅니다.

지금도 전국에서는 많은 공개수업이 진행되고 있습니다. 혹시 그 수업들도 그분이 원하는 방식으로 진행하고 있지는 않은지 궁금합니다.

04 결재를 받는 교사의 지도안

처음 발령을 받고 공개수업을 할 때였습니다. 제가 신규교사였던 시절에는 컴퓨터가 없어서 지도안을 손으로 직접 써서 결재를 받았습니다. 그러면 교장 선생님이나 교감 선생님이 그 지도안 위에 빨간색 펜으로 첨삭지도를 했습니다. 당시 신규교사인 제 지도안은 온통 빨간색으로 뒤덮여 있었습니다. 금세 지도안이 딸기밭으로 바뀌었습니다(『교사는 어떻게 단련되는가』에서 아리타 가츠미사는 지도안을 딸기밭으로 표현했습니다.)

저는 그때 지도안이 딸기밭이 된 것보다 지도안을 결재받아야 한다는 것이 더 억울했습니다. 어떻게 교사에게 수업을 '이렇게 해라, 저렇게 해라' 지시할 수 있느냐며 분개했습니다. 당시는 젊었기에 혈기가 있었던 모양입니다. 비록 신규교사였지만 지도안 결재가 교사의 자주권을 침해한다는 생각을 떨쳐 낼 수 없었습니다. 또 딸기밭이 된 지도안을 보면서 모멸감마저 들었습니다. 결재를 한다는 것은 결국 수업에 관여한다는 것입니다. 그것도 행정적인 절차에 따라 교사의 수업을 간섭하겠다는 것인데, 전문가인 교사의 행위를 결재하다니 도저히 이해할 수가 없었습니다.

지도안 결재는 어찌 보면 지극히 단순한 일입니다. 지금까지 공개수업을 할 때 관행적으로 해 오던 일이었습니다. 그러나 지도안 결재는 그렇게 간단한 문제가 아닙니다. 그 안에는 여러 가지 모순이 들어 있습니다.

첫째, 교사 스스로 전문성을 부정하는 것입니다.

교사는 전문가입니다. 전문가는 자신의 전문적인 지식으로 판단하고 행동하는 사람입니다. 전문가의 행동과 판단에 사전 결재를 받는다는 것은 교사 스스로 전문성을 부정하는 행위입니다. 그 관행 속에 스스로 존재를 부정하는 요소가 있다면 그것은 바로잡아야 합니다. 그래도 공개수업을 굳이 결재해야 하겠다면 수업 일정과 단원 정도만 받아도 충분할 것입니다.

둘째, 수업을 감시하고 통제할 수 있다고 생각한다는 것입니다.

지도안 결재는 일제강점기에 만들어 지금까지 내려오는 악습입니다. 일제강점기에는 학교를 식민지 통치를 선전하는 기관으로 이용했습니다. 당시 학교에는 일본인 교장을 비롯한 소수의 일본인 교사가 있었습니다. 이 일본인 교장과 소수의 일본인 교사에게는 다수의 조선인 교사와 조선인 학생들을 철저히 감시할 수 있는 체제가 필요했을 것입니다. 그 과정에서 태어난 것이 지도안 결재입니다.

교원은 초등 기준으로 보아 주당 30시간 정도 되는 학교 내 모든 교수 활동에서 (일본인) 교장의 지시에 철저하게 따라야 했고, 교과 내용을 변경하거나 다른 교재를 쓸 수 없었다(지도안 결재 등). 조선인 교원에 대한 불신은(물론 급속한 학교 교육 팽창기의 교원 부족으로 인해 수준 이하의 교원이 상당했던 것은 사실이다) 끊임없는 연수와 재교육 '장려(강요)'로 이어졌다.

일본인 교장은 조선인 교사가 무엇을 가르치는지를 상세하게 알아야 하고 민족 교육을 가르치지 못하도록 할 목적으로 지도안을 결재하도록 한 것이었다. (『교사가 바꾸는 교육법』, 권재원 외)

시대가 바뀌었다고 하나 여전히 지도안 결재에는 이런 일제강점기의 잔해가 고스란히 남아 있습니다. 실제로 감사나 통제의 수단으로 악용하기도 하여 전교조 등에서 시국을 주제로 수업을 기획할 때 교육부에서 허가하지 않으면서 내세우는 근거이기도 합니다. 지금도 전교조가 계기수업에서 학교장에게 지도안 결재를 받지 않고 수업하는 것은 불법이라는 공문을 심심치 않게 볼 수 있습니다. '장학'이라는 명목으로 지도안 결재를 계속하고 있다는 사실은 교사가 감시 대상임을 스스로 인정하는 것입니다.

셋째, 수업을 행정적인 일로 예속화하는 것입니다.

지도안 결재는 교사의 수업을 행정적인 일 처리 과정으로 가볍게 여기는 것입니다. 앞에서도 말했듯이 교사의 수업은 전문가의 영역입니다. 행정 절차가 아닙니다. 결재를 받는다는 것은 상하 관계가 분명한 고도의 행정적인 일입니다. 상명 하달이 존재하는 것이지요. 흔히 결재는 '올린다'고 하며, 교장 선생님은 '모신다'고 표현합니다. 아랫사람이 윗사람에게 올리는 것이 결재입니다. 교사를 아랫사람으로 보는 것이지요. 누구를 모시고 어떻게 전문적인 일을 할 수 있겠습니까? 모시고 있는 분의 빨간색 펜을 어떻게 거부할 수 있겠습니까?

넷째, 교권 침해인 것입니다.

수업은 교사의 고유한 권리이자 의무입니다. 함께 의논하고 설계해야 좋은 수업을 만들 수 있습니다. 그리고 수업을 어떻게 진행했는지 함께 성찰할 수도 있습니다. 의사를 비롯한 전문직 종사자들이 그렇게 합니다. 그러나 설계한 수업을 최종 판단하여 수업을 진행하는 것은 결국 수업자인 교사입니다. 수업자가 최종 판단한 것을 결재라는 행정적인 절차로 간섭한다면 엄연히 교권 침해입니다. 결재라는 말 그 어디에도 교직의 전문성은 자리 잡고 있지 않습니다.

> 어른들
> 눈치를
>
> 자꾸만
> 보게 돼

이 시는 하상욱 시인의 〈절 일어나는 타이밍〉입니다. 시 제목을 '결재받는 타이밍'으로 바꿔서 다시 읽어 보면 어떤가요? 결재받는 교사들의 심정과도 잘 부합하겠지요?

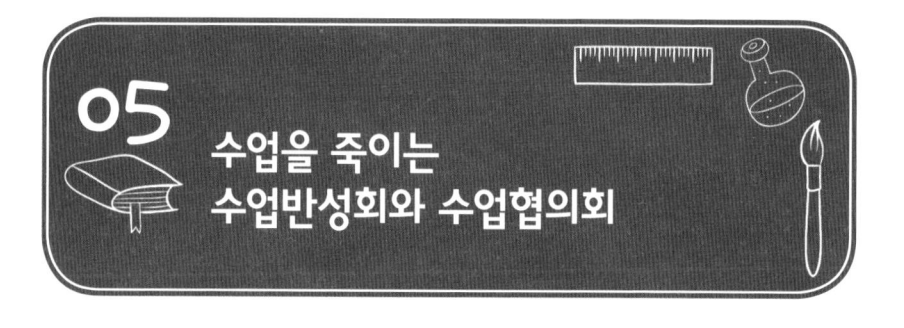

05 수업을 죽이는
수업반성회와 수업협의회

한때 나이가 어린 교사는 의무적으로 대표 공개수업을 해야 했습니다. 동학년 업무 분장에 떡 하니 공개수업이 자리 잡고 있기도 했습니다. 공개수업을 맡은 교사에게는 다른 업무를 모두 제하는 나름의 특혜를 주기도 했습니다. 그렇게 학년의 모든 책임을 지고 공개수업을 마치고 나면 그다음에는 이름도 무시무시한 수업반성회가 기다리고 있었습니다.

저 또한 신규교사 때부터 공개수업을 도맡아 했습니다. 사실 공개수업도 싫었지만 수업 후에 하는 수업반성회가 더 싫었습니다. 수업반성회라는 이름부터가 어딘지 음산한 기운이 감돌았기 때문입니다.

수업반성회는 말 그대로 수업을 반성하는 시간입니다. 당시에는 잘못을 잘 찾아내고 그것을 잘 꼬집는 사람을 뛰어난 교사로 여겼습니다. 그래서 으레 수업반성회 시간에는 잘잘못을 가려냈습니다. 앞에서 교사를 달걀에 비유했듯이 수업반성회에서 교사는 깨지기 십상이라서 수업반성회 시간에는 늘 무거운 침묵이 흐르곤 했습니다.

저 또한 예외는 아니었습니다. 당시 교장 선생님의 말을 들으면서 속으로는 이렇게 생각했습니다. '내가 뭘 그렇게 잘못했지? 공개수업을 하라고 해서 했을 뿐인데. 잘하지 않아도 된다고 말했으면서……'

한동안 이런 수업 반성의 시간이 이어지더니 새로운 현상이 일어났습니다. 수업협의회라는 이름으로 새로운 형태의 공개수업반성회가 등장한 것입니다.

"영혼 없는 칭찬이 낫더라"

"영혼 없는 지적에 비해서"

SBS 〈호란의 파워 FM〉
하상욱의 "오늘의 한마디, 칭찬"

이 시처럼 이제는 폭풍 칭찬을 하는 시기가 왔습니다. 수업협의회 시간에 이제는 무조건적으로 칭찬을 합니다.

수업반성회와 수업협의회는 모두 교사의 자존감을 낮추는 활동입니다. 없는 잘못을 찾아내는 것도, 없는 칭찬을 만들어 내는 것도 모두 수업자에게는 예의가 아닙니다. 반성회와 협의회 같은 현상은 전문가 집단에서는 나올 수 없는 일이며, 이런 활동은 오히려 수업을 더 경시하게 만들 뿐입니다.

브래드 피트 주연의 영화 〈머니볼〉에 이런 장면이 나옵니다. 뉴욕 양

키스에서 스카우트 제안을 받은 빌리 빈이 큰 야구팀으로 옮기는 것을 망설이자 피터 브랜드는 그에게 한 야구 선수의 경기 영상을 보여 줍니다. 그 선수는 거구의 몸 때문에 2루까지 출루해 본 적이 없어 1루까지 출루하는 것이 목표였습니다. 어느 날 이 선수는 투수의 강속구를 받아쳐 중앙 깊숙이 날려 보냅니다. 그리고 1루를 지나 2루 베이스로 향하려다 멈추고는 슬라이딩하며 다시 1루 베이스로 되돌아옵니다. 한 번에 2루까지 뛴 적이 없었기 때문이지요. 그러자 같은 편 1루 주루 코치와 1루 심판이 선수에게 계속 달리라고 손짓합니다. 심지어 상대편 1루 수비수까지 앞으로 달리라고 손짓합니다. 그때 그는 자신이 홈런을 쳤다는 사실을 깨달았습니다. 홈런을 치고도 2루까지 가지 못하고 다시 1루로 돌아오며 슬라이딩까지 한 것입니다.

이 영화를 보면서 우리 교사들의 모습이 떠올랐습니다. 공개수업이 끝나면 교사는 끊임없이 반성을 강요받습니다. 그러기에 교사는 늘 자신이 없습니다. 마치 약한 팀을 정상의 자리까지 올려놓고도 더 큰 팀에서 일하는 것을 망설이던 빌리 빈처럼 말입니다.

공개수업은 공개수업대로 하고 반성은 반성대로 해야 하는 것이 교사입니다. 늘 억눌리고 주눅이 들어 있는 것이 교사입니다. 자신이 친 공이 홈런인지 아닌지 살펴보지도 않은 채 그저 1루까지 가는 것에만 급급하고 있지는 않나요? 홈런을 치고도 1루에서 살고 싶어 온몸을 던져 슬라이딩하는 선수가 우리 교사의 모습은 아닌지 돌아봅니다. 교사 스스로 자신을 낮추는 일은 하지 말았으면 합니다.

06

수업을 공개한다고
교사가 성장할까?

영화 〈아저씨〉에서 원빈이 한 명대사가 있습니다. "너희는 내일을 위해 살지, 난 오늘만 산다." 원빈이 '오늘'을 살려고 하루하루를 버티듯 교사도 오늘 하루를 버티며 살고 있는 것 같습니다. 출근 후 컴퓨터를 켜면서 '오늘은 또 몇 개의 메신저와 몇 개의 공문이 나를 반길까?' 하며 무거운 마음으로 모니터를 바라봅니다. 이렇게 오늘만 있는 삶을 살다 보면 결국 쓰러지고 말겠지요.

어느 초등학교 교사의 수업을 참관한 적이 있습니다. 그것은 소위 망친 수업이었습니다. 수업이 끝나고 수업협의회를 할 때 어떤 말을 해야 할지 난감했습니다. 수업을 진행한 교사는 경력이 어느 정도 있어서 섣불리 의견을 말하기도 어려워 마음속으로 고민하다 결국 아무런 이야기도 하지 않기로 마음먹었습니다.

드디어 수업협의회 시간이 되었습니다. 저는 마음먹은 대로 수업 이야기보다는 일상적인 학교생활 등을 화제로 삼았습니다. 이야기를 나누던 중 저는 교사의 이런저런 사정을 듣게 되었습니다. 몸이 많이 아파 중간에 휴직했던 일이며, 집안의 복잡한 사정 때문에 겪은 우울증 등 개인사를 알게 되었습니다. 학교에 복직해서도 적응하는 데 많은 어려움을 겪었다고 합니다. 나이는 중견교사에 속하지만 교직 경력은 많지 않아 복직한 학교에서는 기회가 있을 때마다 수업컨설팅을 권유했다고 합니다. 그렇게 그 교사는 매년 공개수업의 공포에 시달려 온 것 같았습니다. 학교에서는 교사의 성장을 배려하여 수업컨설팅을 권했겠지만 준비가 안 된 교사에게는 오히려 그것이 악몽이었을 것입니다. 이것은 뿌리가 다 자라지 않은 식물에 잘 자라라고 비료를 듬뿍 주는 셈입니다. 그 독한 비료 때문에 식물이 타 죽을지도 모르는데 말이죠.

리프레이밍(Reframing)이라는 말이 있습니다. 리프레이밍은 관점의 전환을 의미하는 것으로 프레임에서 나온 말입니다. 프레임(Frame)은 어떤 물건이나 이벤트에 부여하는 의미이고, 그것에 의미를 부여하는 것을 프레이밍(Framing)이라고 합니다. 그리고 이렇게 부여된 의미에 새로운 의미를 부여하는 것을 리프레이밍이라고 합니다. 예를 들어 '사회는 지루해'와 '수학은 어려워' 같은 것은 학생들이 인식(프레임)하는 교과입니다. 학생들이 가진 이런 인식의 틀을 바꾸는 것이 리프레이밍입니다.

때로 우리는 기존 인식의 틀을 바꿔야 할 필요가 있습니다. 기존 교사 연수에 갖는 부정적인 인식, 즉 교사 연수는 따분하다거나 타율적이고 강제적이며 의무적인 일이라는 인식을 바꿔야 합니다. 또 수업을 향상시키려면 꼭 공개수업을 해야 한다는 인식의 틀도 바꿀(리프레이밍) 필요가 있습니다. 이런 리프레이밍은 교사들에게 자율권과 선택권을 주어야 가능합니다.

최근 일어나는 교사들의 자율 연수 프로그램은 리프레이밍의 좋은 예가 될 수 있습니다. 또 특별한 형식과 절차 없이 자발적인 참여를 기반으로 하는 각종 교사 모임이나 교사 운동은 교사들이 자신의 전문성 개발 경험을 스스로 주도할 수 있음을 보여 주는 좋은 예라고 할 수 있습니다.

교사에게 선택권과 자율성을 제공하는 것이야말로 가장 좋은 교사 성장 프로그램입니다. 교사가 스스로 자신의 전문성 개발을 주도할 수 있도록 해야 합니다. 교사에게 '내일의 삶'을 보장해 주는 것이 결국 교사의 내적 성장을 돕는 길입니다.

07
공개수업
: 교사의 수업을 죽인다

"여러분은 '수업'하면 무엇이 떠오릅니까?"

"공개수업이요!"

어느 교사 연수에서 했던 질문입니다. 이 연수가 있던 시기가 때마침 공개수업 주간이어서 이렇게 대답했을지도 모릅니다. '수업'하면 '공개수업'을 떠올릴 만큼 공개수업은 중요한 '행사' 중 하나입니다. 해마다 3월이면 공개수업을 어떻게 운영할지를 놓고 교사와 관리자 간에 싸움이 치열합니다. 누가 얼마나 참관할지를 놓고 설왕설래합니다.

수업컨설팅이 활성화되면서 공개수업을 하는 많은 교사를 만났는데, 공개수업에 임하는 교사에게는 몇 가지 공통점이 있었습니다. 이것을 바탕으로 교사가 공개수업에 대응하는 방식을 재구성해 보았습니다.

첫째, 안전한 길을 선택합니다.

공개수업을 준비하는 교사는 먼저 안전하고 검증된 지도안을 찾으려고 노력합니다. 인터넷에서 좋은 평을 받은 지도안을 여러 개 다운로드하여 그중 최고 지도안을 사용합니다. 같은 시기, 같은 학년이라면 학교가 다름에도 같은 지도안으로 수업하는 것을 가끔 볼 수 있습니다. 심지어 토씨 하나 다르지 않을 때도 있습니다. 학교 이름을 바꾸지 않은 탓에 학교 이름마저도 똑같기도 합니다. 안전하게 공개수업을 하려고 '수업하기 좋은 특정 단원'을 수소문하거나 주위의 경험담을 귀담아 듣는 등 노력도 합니다.

둘째, 참관자의 취향을 고려합니다.

참관자가 누구냐에 따라 수업 방식이 달라집니다. 자신의 정보망을 모두 가동하여 참관자의 수업 취향을 탐색합니다. 그렇게 수집한 정보는 참관자의 취향에 맞게 재구성하여 수업으로 재탄생합니다.

셋째, 이벤트를 추가합니다.

공개수업을 하는 사람은 참관자가 지루하지 않도록 무엇이라도 해야 한다는 생각에 일종의 이벤트를 준비합니다. 적절한 이벤트를 찾으려고 성공 사례를 분석하거나 동학년 교사의 의견을 듣기도 합니다.

물론 모든 공개수업이 이처럼 '보여 주기 식'으로 한다고 할 수는 없습니다. 그러나 많은 교사가 '보여 주기 식' 수업 때문에 공허함을 느끼며, 자괴감마저 든다고 호소합니다. 이런 공개수업을 왜 해야 하는지 의구심을 갖지만 아무것도 달라지지 않습니다.

지금까지 진행했던 공개수업은 수업 기술을 연마하려는 목적이 강했습니다. 공개수업을 많이 할수록 수업 기술을 향상시킬 수 있다는 생각에 사로잡혀 횟수를 늘리는 데만 급급했습니다. 그뿐만 아니라 강제적인 공개수업과 함께 강제 참관 또한 관행처럼 해 왔습니다. 그러나 강제적인 공개수업과 수업 참관은 결코 수업의 질적 향상을 가져오지 않는다는 것을 경험으로 잘 알지요.

다행스럽게도 공개수업을 새롭게 보자는 운동이 일어나고 있습니다. 공개수업 참관자의 관점을 교사 중심에서 학생 중심으로 바꿔 수업을 관찰하거나 교사의 내면을 중심으로 관찰하여 결과보다는 과정을 중시하는 등 새로운 시도가 많아졌습니다. 또 공개수업의 방식을 개선하여 일률적이고 획일적인 보여 주기 식 공개수업에서도 벗어나려고 합니다. 수업 친구를 이용한 일상의 수업을 공개하는 것이 대표적 예입니다. 수업비평과 수업성찰 등도 공개수업을 개선하려는 노력의 일환입니다. 그런데 이런 새롭고 참신한 시도는 그동안 있었던 공개수업의 단점을 모두 극복하고도 남을 만큼 많은 장점을 지녔는데도 학교에서는 잘 정착하지 못하고 있습니다. 이유가 무엇일까요?

공개수업은 공개수업이 지닌 근본적인 한계가 있습니다. 공개수업은 단순히 수업을 1시간 보여 주는 것만이 아닙니다. 그 속에는 학교의 권력 구조를 포함한 복잡한 관계가 얽혀 있습니다. 이런 복잡한 역학 구도 속에서 공개수업은 여러 가지 모순과 이중적인 양상을 보입니다. 어찌 보면 학교에서 벌어지는 여러 문제의 축소판이라고 해도 과언이 아닙니다.

교원 평가, 승진 점수, 학교 내 권력, 교사의 자존심, 전문가로서 자질, 교권, 자주성, 성과금, 학교의 본질 등 일일이 열거할 수 없을 만큼 많은 것이 공개수업 하나에 달려 있습니다. 여기에 현장 연구라든가 수업실기 대회 같은 것이 맞물려 '수업 분장'을 부추겨 수업의 본질적인 의미까지 왜곡하기도 합니다. 괜히 보여 주기 식 수업이 나타난 것이 아닙니다. 공개수업의 목적은 순수하지만 이것을 순수하게만 볼 수 없는 이유입니다. 공개수업을 할 때 민낯의 수업을 하라는 말을 많이 듣습니다. 그러나 이것은 학교의 역학 구조를 따져 볼 때 실천하기가 결코 쉽지 않습니다. 먼저 민낯은 가족에게만 보여 주는 것입니다. 자신의 민낯을 아무에게나 보여 줄 수 없기 때문이지요. 민낯의 공개수업은 결국 수업으로 동고동락한 '수업 가족'이 아니면 보여 줄 수 없는 것입니다. 더군다나 지금은 공개수업으로 동료교사를 평가합니다. 평가가 있는 곳에 가족은 존재할 수 없습니다. 세상에 어떤 가족도 서로를 평가하지 않습니다. 가족은 필요할 때 가져다 쓰고 필요 없을 때 버리는 존재가 아닙니다. '교육 가족'은 안내장 인사말에만 쓰라고 있는 것이 아닙니다. 진정 민낯의 수업을 하는 문화를 만들려면 먼저 가족부터 되려고 노력해야 합니다.

공개수업은 이런 복잡한 역학 구조 속에서 이미 만신창이가 되었습니다. 이미 신뢰를 상실한 지 오래이며, 오히려 진지하게 수업을 고민하는 것을 막는 장애물로 전락했습니다. 넘쳐 나는 우수한 수업 동영상을 신뢰하지 않는 이유도 이 때문입니다. 동학년 연구실에서 수업과 관련된 작은 자료만 주어도 감사하면서 받는 것이 교사인데, 그 우수하다는 수업 동영상을 보여 주어도 시큰둥한 데는 다 그만한 이유가 있는 것입니다.

공개수업이 진정으로 변화하려면 이제는 과정 중심으로 진행해야 할 것입니다. 수업 연구는 어떻게 진행해 왔는지, 수업은 어떻게 준비했는지,

교사의 교과 지향점은 무엇인지 등 수업을 준비하고 고민하는 과정을 함께해야 합니다. 일을 함께하려면 도와줄 수업 친구가 필요합니다. 수업 친구와 함께 애정을 갖고 공개수업을 처음부터 끝까지 함께한다면 해당 교사의 내면이 성장하는 데 도움이 될 것입니다.

하지만 공개수업 자체에 거부감이 있는 교사에게는 이조차도 부담이 아닐 수 없습니다. 이때는 공개수업을 리프레이밍해야 합니다. 아무리 방법이 좋더라도 목적을 달성할 수 없는 수업이라면 차라리 하지 않는 것도 좋은 방법일 것입니다. 함께 수업을 준비한다는 것만으로도 의미 있는 일입니다. 이제부터 소개할 공개 연구가 이것의 대안이 될 수 있을 것입니다.

08 공개 연구
: 교사의 수업을 살린다

우리는 종종 일본과 우리나라의 교육을 서로 비교하고는 합니다. 일본의 교사는 어떻게 공개수업을 하고, 어떻게 성장해 나갈까요?

아리타 가츠미사가 쓴 『교사는 어떻게 단련되는가』에는 이것이 잘 드러나 있습니다. 제목에서 알 수 있듯이 저자가 교사로 성장하는 과정을 보여 주는 자전적인 책입니다. 저자는 '수업'을 중심으로 초임 시절부터 지금까지 교사로서 성장한 과정을 이야기합니다. 이 책에 소개된 내용을 바탕으로 일본에서는 수업 연구와 공개수업을 어떻게 운영하는지 알아봅니다.

탄광 지대 사람들의 생활이 점점 어려워지고 있다는 것을 교재로 한 수업이었다. 두 번째 수업까지 있었던 어깨에 힘이 들어간 자세는 없어지고 자연스러운 자세가 되었다. (중략) 이날 평가회는 밤 10시까지 계속되었다. 여섯 시간이나 걸렸다. 중간에 밥이 나왔지만 한두 숟가락밖에 뜨지 못했다. 끝날 무렵, 오직 한 사람이 '인제 조금 사회과랑 비슷해진 것 같네.' (중략) 4월말부터 5월까지 6월에 있을 연구 발표회 지도안을 썼다. (중략) 요시다 교장 선생님이 시간이 될 때까지 고쳐 써 주었지만, 여기서는 그때와는 견줄 수 없을 만큼 엄격한 지도안 검토회가 날마다 있었다. 그렇게 첫 연구 발표회는 무사히 마쳤다. 하지만 그 다음이 더 엄청났다. 연구 수업이 또 기다리고 있었다. 7월부터 다음해 3월까지 달마다 한 번씩 해서, 결국 한 해 동안 열한 번이나 연구 수업을 한 셈이다. 그렇게 한 사람도 대단하지만, 이를 보고 지도해 주는 사람들이 더 대단했다. (『교사는 어떻게 단련되는가』, 아리타 가츠미사)

이 책으로 살펴본 일본의 공개수업 방식은 다음과 같습니다.

첫째, 교사연구회 중심으로 수업 연구를 한다는 것입니다.

같은 교과나 같은 지역의 연구회 중심으로 운영하다 보니 수업에 관심이 많고 실질적으로 수업 연구를 할 수 있습니다. 1년 단위로 바뀌는 한국의 동학년 체제나 전문적 학습 공동체와 달리 이런 연구회는 지속적으로 활동할 수 있습니다. 지속적인 연구회 활동은 회원 간에 유대감을 강하게 하여 수업 연구의 질적 성장을 보장할 수 있어 우리가 지향하는 수업 친구의 모델이 될 수 있습니다. 또 연구회는 공동의 관심사로 모인 집단이기 때문에 수업 연구에 참여하는 교사의 적극적이고 진지한 참여를 이끌어 낼 수 있습니다. 의무적으로 참여하는 우리의 공개수업과 대비되는 부분입니다.

둘째, 가르침을 주는 권위 있는 멘토 교사가 있다는 것입니다.

우리로 치면 '수업 코치'의 역할을 한다고 할까요? 멘토 교사는 공개 연구의 처음부터 끝까지 함께하면서 공개 연구자에게 수업을 코칭해 줍니다. 교과 연구의 주제 선정부터 수업 방법 등 수업에 관한 모든 것을 함께합니다. 그리고 무엇보다도 이 멘토 교사의 권위를 인정해 주는데, 이 것은 우리와는 많이 다르다고 할 수 있습니다.

셋째, 공개 연구 중 한 꼭지로 공개수업을 한다는 것입니다.

공개 연구의 목표는 연구 주제 선정과 연구 방법, 공개수업 등을 포함한 모든 과정을 공개적으로 연구하는 것입니다. 공개수업 1시간이 아닌 단원 전체 또는 하나의 주제를 중심으로 주제 전체의 연구 과정을 모두 공개합니다. 즉, 프로젝트 수업의 기획부터 끝마칠 때까지 전 과정을 모두 공개하는 것입니다. 그래서 연구 기간도 길고 연구 범위도 매우 넓습니다. 이 책에서는 1년에 걸쳐서 하는 연구도 심심치 않게 발견할 수 있습니다.

넷째, 수업협의회에서 밤늦도록 치열하게 토론한다는 것입니다.

교사연구회 중심으로 공동의 연구 성격이 짙어서 아마도 가능한 것 같습니다. 책에 보면 밤 10시까지 수업협의회를 했다는 부분이 있는데, 관리자 위주의 영혼 없는 우리의 수업반성회와는 대조됩니다.

다섯째, 수업 연구로 만남을 가진다는 것입니다.

저자는 수업 연구를 진행하면서 많은 교사를 만났고, 가르침을 주는 멘토 선생님을 만났다고 했습니다. 그야말로 만남이 있는 공개 연구가 되었던 셈입니다.

여섯째, 교사의 성장을 돕는 공개수업이라는 것입니다.

저자는 교사로서 공개 연구를 함으로써 성장할 수 있었다고 말합니다. 자신이 교사로서 성장할 수 있었던 요소를 수업과 연관하여 조목조목 열거하고 있습니다.

물론 여기에서 소개한 것이 모든 일본 교사가 수업 연구를 하는 전형이라고는 할 수 없습니다. 일본에 직접 가서 연구하지 않은 이상 그 정확한 내막을 알 수는 없겠지요. 그러나 저자는 수업 연구가 자신을 단련시켜 지금과 같은 교사가 되었다고 말하고 있습니다. 무엇보다도 공개수업을 교사를 단련시키려는 목적에서 실천한다는 점은 매우 부럽습니다.

우리나라의 공개수업은 복잡한 역학 구조 때문에 많은 개선 노력에도 그 한계가 있을 수밖에 없습니다. 그래서 공개수업을 대신할 대안으로 연구회 중심인 일본의 '공개 연구(제)'를 제안하고 싶습니다.

공개 연구는 공동으로 연구할 수 있게 하여 동료성과 전문성을 동시에 성장시킬 수 있습니다. 전문적 학습 공동체의 정신도 고스란히 반영할 수도 있고, 비록 1년이라는 시간적인 한계가 있기는 하지만 동학년끼리 같은 주제하에 공동의 논의도 활성화할 수 있을 것입니다. 공개수업이 꼭 필요하다면 연구회 회원끼리 하면 됩니다. 함께 공개 연구를 하다 보면 '수업 가족'이 되어 민낯으로 수업도 공개할 수 있을 것입니다.

공개 연구는 또한 수업 논의를 연구회 중심으로 재편할 수 있습니다. 교과연구회는 연속성과 지속성이 있다는 장점이 있습니다. 교육연구회에 점차 관심이 높아지는 것은 환영할 일이며, 교육연구회를 더욱 활성화하여 실질적인 수업 연구의 한 축을 담당할 수 있도록 해야 합니다.

공개 연구는 주제 중심으로 연구를 할 수 있습니다. 한 차시의 공개수업으로 얼마큼 교사의 성장을 이룰 수 있을까요? 주제 중심이나 과목 중심으로 공개 연구를 한다면 교과나 단원을 보는 안목도 생기고 주제 중심으로 교육 과정을 재구성할 수 있는 힘도 기를 수 있을 것입니다. 그리고 무엇보다도 자율성을 바탕으로 학습하는 전문가가 될 수 있습니다.

연구회는 자발성에 기인한 자율적인 학습이 일어나는 곳입니다. 자율성 자체가 자연스러운 동기가 됩니다. 학교의 변화하는 환경에서는 목적이 같은 교사들의 자율적인 공동 학습이 더욱 필요합니다. 이혁규는『수업』에서 사회와 학교의 변화하는 모습을 이야기하며 다음과 같이 제안합니다.

교사들 스스로 답을 찾아가야 한다. 학습하지 않고 이 유동적이고 불안정한 시대를 살아 내기는 어렵다. 새로운 아이디어와 지식의 창출, 끊임없는 탐구와 공유를 통해서만 현재의 교육 문제를 해결할 수 있다. 따라서 교사는 학습하는 전문가가 되어야 한다.

동상이몽(同床異夢)하는 교육과 학교

가끔 교장 선생님이나 교감 선생님이 출장이라도 가면 교사들은 '해방'이라고 좋아합니다. 그야말로 학교는 '천국'이 되는 것입니다. 이렇게 교사들은 환호하는 반면에 출장을 가는 교장 선생님은 학교가 걱정되어서 자리를 비우기 어렵다고 말합니다. 방학 중 교장 선생님이 받은 감동적인 연수는 곧 교사들이 해야 할 일이 되기에 어떤 연수에서 얼마큼 감동을 받았는지가 교사들에게는 큰 관심사가 됩니다. 관리자의 연수는 교사들의 두려움이기도 하지요. 가끔 관리자와 동일한 연수를 들을 때가 있습니다. 관리자는 결과가 저렇게 좋으니 우리 학교에도 얼른 적용해 봤음 좋겠다고 생각할 것입니다. 그러나 교사는 '과정이 저렇게 힘든데 어떻게 해야 하지', '우리에게 적용하라고 하면 어떻게 하지'라고 생각할지도 모릅니다. 동일한 장소에서 동일한 시간에 동일한 이야기를 들더라도 교사와 관리자의 생각은 이렇게 다릅니다. 동상이몽인 것입니다.

수업도 마찬가지입니다. 같은 수업을 보고도 다른 생각을 합니다. 공개수업을 하는 같은 장소에 있어도 그것을 바라보는 눈은 각자 다릅니다. 관리자는 공개수업은 꼭 해야 하며, 이것이 교사의 성장에 도움이 된다고 생각합니다. 그러나 교사는 자신을 감시하거나 평가하는 수단으로 여기기에 공개수업의 필요성에 의문을 가집니다.

교사 업무도 마찬가지입니다. 관리자는 학교를 원활하게 운영할 수 있도록 교사가 적극적으로 업무를 처리하기 바랍니다. 그러나 교사는 업무가 수업을 방해하기에 되도록 하지 않으려고 합니다. 관리자는 업무를 필요충분조건으로 생각하고 교사는 필요악으로 여깁니다. 이런 동상이몽은 학교에서 발생하는 갈등 요소 중 하나이지만 해소할 방법은 없습니다. 교사와 관리자는 양립할 수 없기 때문입니다.

교육계에 동상이몽 현상이 나타나는 것은 서로 '교육'을 해석하는 데 차이가 있기 때문입니다. 교사에게 '교육'은 직접 아이들을 가르치는 '수업'이지만, 관리자에게는 '수업' 외의 다른 것도 교육입니다. 한때 경기도교육청에서 추진하다 논란이 된 '수업하는 교장 선생님'을 보면 '수업'이나 교육법에 명시된 '학생을 교육한다'에 해석의 차이가 얼마큼 큰지 알수 있습니다. 교사와 관리자는 같은 '교육을 하고' 있지 않습니다. 각자가 생각하는 교육을 하고 있는 셈이지요. 그러나 우리가 교육 선진국이라고 일컫는 몇몇 나라에서는 관리자와 교사가 같은 일을 합니다.

독일의 경우 학교장은 당연히 학교의 대표로서 학교의 교육, 행정, 재정

전반에 걸친 책임을 진다. 또한 다른 교사들과 마찬가지로 전공과목과 정규 수업을 담당한다. 인문계 중등학교(김나지움) 교장의 경우 대개 주당 4시간에서 6시간 정도의 수업을 하며 초등학교에서는 10시간이 넘는 경우가 많고 심지어는 학급 담임을 맡기도 한다. (중략) 대략 1천 명 규모의 학교의 경우 교장이 행정 직원 2명과 함께 모든 행정을 책임져야 한다. 따라서 수업 외에 행정 업무 부담도 상당하여 독일에서 교장은 학교에서 가장 바쁜 사람이다(한국 학교의 교무부장의 모습과 유사).

독일 외에도 혁신 교육의 나라로 최근 북유럽 교육 선풍을 일으킨 핀란드나 덴마크, 영국과 프랑스 등지에서도 학교장이 관리직 고유의 업무 외에도 정규 수업이나 학생 상담을 맡는 등 비슷한 교장 직무 및 임용 시스템을 가지고 있다. (한국교육개발원, 2006)

교장이 학교에서 수업을 하고 사실상 동료들에 의해 선출된다는 것은 수업과 같은 가장 기본적인 일로부터 같은 학교의 동료교사들과 긴밀하게 의견을 나누고 협력하게 하여 학교가 교육 활동 중심으로 운영될 수 있도록 제도적으로 보장하는 것이기 때문이다. (『교사가 바꾸는 교육법』, 권재원 외)

이렇듯 일을 함께할 때 비로소 동료애도 생기고 같은 꿈도 꿀 수 있습니다. 그러나 관리자가 되는 순간 수업을 멀리하는 현재 제도 속에서 교사와 관리자는 절대 같은 꿈을 꿀 수 없습니다. 관리자에게 '관리'받는 교사보다 같은 꿈을 꾸는 교장 선생님을 교사는 원하지 않을까요?

나는 수업하러
학교에 간다

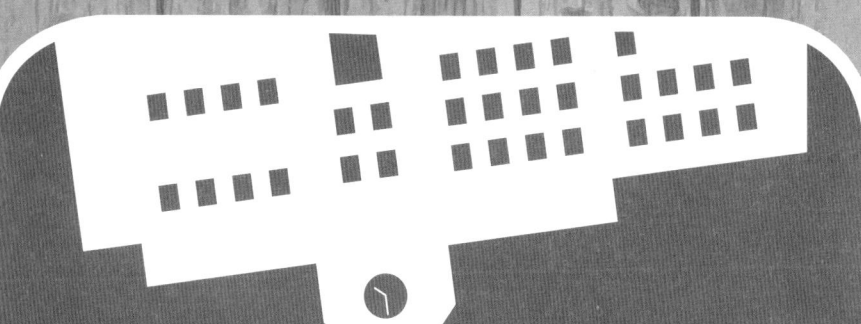

:3부:

달콤한 수업의 유혹

01 교육 공학
: 달콤한 수업의 유혹

　흔히 교사를 가리켜 '교편을 잡는다'고 합니다. 또는 '교단에 선다'고도 하지요. 하지만 교사를 상징하던 교단과 교편은 역사 속으로 사라져 학교에서 더는 볼 수 없게 되었습니다. 그러면 아직까지 사용하는 것 중 무엇이 교사를 대표할 만할까요? 여러 가지가 있겠지만 그래도 교사하면 '분필'이 생각나지 않나요? 교육 공학과 교육 방법이 빠르게 발전하면서 학교를 상징하던 것들이 많이 사라졌지만 분필만큼은 아직도 교사 곁에 남아 묵묵히 교실을 지키고 있습니다.

　중국의 가난한 농촌 마을에 있는 초등학교가 배경인 영화 〈책상 서랍 속의 동화〉에서는 분필과 관련된 한 일화가 나옵니다. 영화에서 교사는 분필 한 조각도 아까워 손끝으로 겨우 잡아 칠판에 글자를 쓰고, 손에 묻은 분필 가루마저도 아까워 글자 한 획을 긋는 데 사용하기도 합니다.

어머니의 병환 때문에 잠시 고향으로 떠날 때는 자신이 돌아올 때까지 임시로 반을 맡은 13세의 웨이 민쯔에게 한 달 동안 사용할 분필 26개를 주면서 하루에 하나씩 아껴 쓸 것을 당부합니다. 영화 마지막에는 각지에서 후원받은 분필을 학생에게 하나씩 나눠 주면서 각자 칠판에 한 글자씩 쓰는 장면이 나옵니다. 영화에서 분필은 교사를 상징하며 더 나아가 가난한 학교의 현실을 보여 주는 도구입니다.

〈책상 서랍 속의 동화〉에서 분필은 유일한 교수 도구이지만, 교육 공학의 발달로 교수 학습 도구도 많이 발전했습니다. 얼마 전 신규교사와 아날로그 수업을 이야기하던 중에 '괘도로 수업을 하니 생각보다 학생들의 반응도 좋고 집중도 잘 하는 것 같아 앞으로도 자주 이용해야겠다'고 하자, 괘도가 무엇이냐고 되물어서 정말 교육 공학이 많이 발달했구나 하는 것을 느꼈습니다.

괘도, OHP, 파워포인트, ICT, 인터넷을 기반으로 한 교사 전용 웹사이트까지 교육 공학의 발전은 교실 수업 모습도 많이 바꿔 놓았습니다. 한때 분필로만 하는 수업을 '맨손 수업'이라고 불렀습니다. 또 어떤 책에서는 CAT 수업으로 묘사하기도 했습니다. CAT는 'Chalk And Talk' 수업을 의미합니다. 그런데 이제는 '클릭' 수업이라는 말이 그 자리를 대신합니다.

누군가 이렇게 물었습니다. "몸이 아프면 제일 먼저 무엇을 하나요?" '병원에 간다'고 대답했을 것 같지만 실제로는 '인터넷을 검색한다'고 대답했습니다. 다리에 종기가 나도, 얼굴에 여드름이 나도 의사를 찾아가는 것이 아니라 인터넷을 검색하는 시대에 살고 있는 것입니다. 수업을 할 때도 컴퓨터를 먼저 커는 것이 현실입니다. 컴퓨터가 고장이 나면 수업도 고장이 나기 마련입니다.

살빼는 법

- 이환천

다 알면서
혹시 몰라

검색창에
쳐봅니다.

빠르게 발전한 교육 공학은 동전의 양면과 같습니다. 빛이 있으면 어둠이 있기 마련이지요.

교육 공학의 발달은 교사의 의존성을 심화시켰습니다. 교육 공학의 발달로 수업 자료에 접근성은 좋아졌습니다. 누구나 쉽고 빠르게 자신이 원하는 자료를 찾을 수 있습니다. 전달하는 매체 또한 발달하여 언제 어디서나 원하는 정보를 학생들에게 전달할 수 있습니다. 이제 교사는 수업을 준비하려고 더는 괘도를 만들거나 코팅을 할 필요가 없어졌습니다. 그러나 빠르고 쉬운 교수−학습 방법을 도입하면서 교사들은 빠르게 그것에 의존하게 되었습니다. 화려한 파워포인트를 사용하여 그럴싸하게 수업을 하지만 정작 스스로는 슬라이드 한 장 제대로 만들지 못합니다. 쉽게 다운로드하여 사용하기 때문에 기능 의존성뿐만 아니라 콘텐츠 의존성도 심각합니다. 교사 스스로 자신의 수업에 사용할 콘텐츠를 생산해 내지 못하는 것이 사실입니다.

교육 공학의 발달은 교사의 수업 고민을 사라지게 했습니다. 더는 어떤 자료를 어떻게 만들지 고민할 필요가 없어졌습니다. 이전에는 자료를 제작할 때 자료의 제작 방법, 쓰임, 활용 방안 등을 고려해야 했습니다. 그러나 지금은 있는 자료 중에서 고르기만 하면 되기에 굳이 고민할 필요가 없어진 것입니다. 교육 공학이 발전할수록 이런 현상은 더욱 두드러질 것입니다. 마치 동물원의 호랑이가 사육사가 주는 먹이 때문에 사냥하는 법을 잊은 것처럼 말이죠.

현재의 교육 공학은 인터넷을 기반으로 합니다. 누구든지 인터넷에 접속하면 쉽게 자료를 얻을 수 있습니다. 이것은 전국의 교실 풍경을 하나로 묶어 놓았습니다. 한때 전국 초등학교 교실 뒤쪽에 있는 작품 게시판이 어느 순간 모두 과자 봉지 그림으로 바뀌었습니다. 이는 특정 웹사이트에서 제공하는 동일한 자료를 전국에서 동시에 사용하기 때문에 일어난 현상으로 교실의 획일화를 부추깁니다.

쉽게 구할 수 있는 물건은 쉽게 버려지기 마련입니다. 학교에서도 쉽게 얻고, 쉽게 쓰고 버리는 자료의 일회성과 소비성이 나타나고 있습니다. 자료가 일회용으로 전락하다 보니 자료의 과소비 현상이 발생하여 같은 교사의 수업 안에서도 자료의 부익부 빈익빈 현상이 나타납니다. 어느 시간에는 많은 자료를 사용했는데 어느 시간에는 아예 자료 자체가 없을 때도 있습니다. 자료와 활동의 홍수 속에서 적절한 자료를 적절하게 사용하려는 고민이 있어야 할 것입니다. 얼마 전 질소 과자 소동이 있었습니다. 혹시 우리 수업 역시 질소 수업은 아니었을까요? 과도한 자료는 학생들이 스스로 사고하는 것을 멈추게 할 수 있습니다.

돌이켜 보면 저 또한 수업을 준비할 때 인터넷 검색창부터 찾았습니다. 자료를 잘 찾은 날은 좋은 수업을 할 수 있었지만 그렇지 못한 날은 맨손 수업을 해야 했습니다. 운 좋게 좋은 자료를 만나 수업을 잘했으니 다행이라고 생각할 수 있으나 교사는 수업을 운으로 할 수 없습니다.

다른 사람의 자료로 하는 수업은 자신의 수업일까요, 아니면 다른 사람의 수업일까요? 다른 사람의 수업 자료로 수업을 하니 수업에 교사의 정체성은 희박합니다. 자료를 만든 사람에 따라 수업의 관점이 달라지기 때문입니다. 그러다 보니 같은 교사가 한 수업임에도 자료에 따라 수업의 관점이 그때그때 다릅니다.

한편으로는 지나친 교육 공학의 발달은 과도한 상업화를 가져올 수 있습니다. 예전에는 교육 공학하면 주로 하드웨어 쪽을 이야기했지만, 컴퓨터가 보편화되고 인터넷이 급속하게 발달하면서 소프트웨어의 비중이 높아졌습니다. 특히 교육 콘텐츠의 중요성을 강조합니다. 이에 따라 교육 콘텐츠에서도 상업화가 빠르게 진행되고 있습니다.

교육 공학의 발달로 우리 교실이 '달콤함'에 젖어 있을 때 교사의 생각도 멈춰 있지 않았는지 고민해 봐야 할 것입니다. 설익은 채 '달콤한' 유혹에 빠진다면 수업에서 자신의 정체성은 영원히 찾을 수 없을지도 모릅니다. 어디까지나 교육 공학은 수업을 보조하는 수단에 머물러야 합니다. 교사보다 빛나는 자료는 학생과 교감을 나누는 것을 방해할 수 있습니다. 수업에서 가장 빛나야 할 존재는 자료가 아니라 교사이기 때문입니다.

　발달된 교육 공학은 교사들에게 새로운 교수−학습 방법과 방향을 제시하기에 교육에서 질적인 향상을 가져왔습니다. 앞으로도 교육 공학은 계속해서 발전할 것입니다. 그러나 그 발전은 교육의 본질에 접근하는 방향으로 발전해야 합니다. 교육 공학을 대하는 교사 역시도 교육 공학을 주도하는 주체가 되어야 합니다. 수업에서 주체는 어디까지나 교사이기 때문입니다. 교육의 질은 교사의 질을 뛰어넘지 못한다고 합니다. 교육 공학의 질 역시도 교사의 질을 뛰어넘을 수 없습니다.

02

수업 방법
: 신상에 열광하는 대한민국 수업

"너, 그 '수업'이 뭔지 알아?"

우리나라에는 많은 '수업'이 있습니다. 신상품 수업이 넘쳐 나는 '신상 수업'의 나라라고 해도 될 법 합니다. 자고 일어나면 새로운 형태의 수업이 다른 나라에서 들어옵니다. 세계화 시대에 걸맞게 수업 수입국도 다변화되고 있습니다. 한때 미국과 영국에서 많이 들어오더니 요즘은 북유럽의 핀란드에서 노르웨이나 스웨덴, 덴마크로 옮겨 갑니다. 전통적인 수입국인 일본도 여전히 건재합니다. '수업'을 수입하는 주체도 다양합니다. 예전에는 교육부에서 직접 수입했으나 요즘에는 지역교육청에서 직접 발굴하여 수입하기도 합니다. 교육열이 높은 우리나라의 특성을 반영하듯 시청률을 의식한 방송사나 신문 등 매스컴에서 수입하기도 합니다.

어떤 경로로 누가 어떻게 수입했든 간에 수입 주최 측에서는 신상품 설명회를 개최합니다. 교육부나 지역교육청은 행정력을 동원하여 설명회를 개최하고, 매스컴은 매체의 영향을 최대한 활용하여 설명회를 개최합니다. 때로는 교육부나 지역교육청이 매스컴과 손을 잡고 설명회를 개최하기도 합니다. 이 두 곳이 손을 잡으면 그 시너지 효과는 어마어마합니다. 앞에서 끌어 주고 뒤에서 밀어주기 때문에 학교를 들었다 놨다 합니다. 이런 신상은 미디어에서 부추기고, 교육청에서 부채질하며, 학교 현장에서 다그칩니다.

신상품 설명회가 끝나면 이제는 그에 어울리는 '신상 수업 전문가'가 나타납니다. 어떠한 수업이나 수업 이론이 관심이나 인기를 끌기 시작하면 그와 관련된 수업 '전문가'가 넘쳐 나기 마련이지요. 이들은 새로운 '신상 수업'의 전도사가 됩니다. 마치 '간증'이라도 하듯 신상품 수업은 모든 문제를 해결할 수 있는 '최고의 수업'이라고 주장합니다. 신상 수업 연수는 연수라기보다는 차라리 신상 수업을 강매하거나 적어도 강요하는 자리처럼 보입니다. 그러면 이런 신상 수업은 왜 등장하는 것일까요?

첫째, 우리 사회의 조급증 때문입니다.

교육은 모든 국민이 관심을 갖는 대상이기에 학교 교육의 문제는 곧 우리 사회의 문제로 인식해 왔습니다. 그만큼 이슈가 되기 쉽습니다. 그래서 문제가 발생하면 빨리 그것을 해결하려는 조급한 마음이 생깁니다. 사회에서 제기하는 '수업 문제'를 '한방'에 해결해 줄 수 있는 새로운 '수업'이 등장하기를 기대하지요.

둘째, 교육 정책에 일관성이 없기 때문입니다.

정권이나 교육감이 바뀌면 교육 정책도 바뀝니다. 교육 정책이 바뀔 때마다 이를 이론적으로 뒷받침할 새로운 무언가를 찾게 됩니다. 정권이나 교육감이 바뀔 때마다 새로운 수업 이론이 나온다는 것을 교사들은 잘 알고 있습니다. 교육 정책이 이렇게 자주 바뀌기 때문에 학교는 하나의 정책을 꾸준히 추진할 수 없는 구조입니다. 최근 10년 동안 초등학교에서 1~6학년까지 교육 과정을 완전체로 운영한 시기는 고작 1년밖에 되지 않습니다. 이 사실에서 우리나라의 교육 정책이 얼마나 자주 바뀌는지 알 수 있을 것입니다. 그런데 또 교육 과정이 바뀐다고 합니다.

수입 신상을 따라가기에도 버거운 현실에서 우리 실정에 맞는 '국산 수업' 탄생을 기대할 수는 없습니다. 새로운 국산 수업은커녕 한 수업에 정통한 사람도 찾기 어렵습니다. 우리나라 수업 문화는 이미 수입품에 점령당했기에 마침내는 남의 나라 수업을 하는 격이 되었습니다. 결국 우리는 영원한 '수업 수입국'이 된 셈입니다.

셋째, 외모 지상주의와 그에 따른 상업화 때문입니다.

수업에도 외모 지상주의가 있습니다. 새로 들어온 수업은 뭔가 달라 보이고 왠지 멋있어 보입니다. 현재 유행하는 수업을 하지 않으면 왠지 시대에 뒤처지는 것처럼 느껴집니다. 교육 당국과 매스컴은 이런 심리를 은근히 부추기기도 합니다.

이렇게 들어온 수업은 상업화 길을 걷습니다. 각종 강연과 출판, 온·오프라인 연수 등으로 2차 부가가치를 창출합니다. 상업화는 태생적으로 과대 포장을 할 수밖에 없기에 수업의 본질적인 측면보다 겉으로 보이는 화려함만 부각합니다. 마치 모든 수업 문제를 해결하는 만능 수업 방법인 양 소개할 때가 많습니다. 이 수업이 아니면 안 된다는 식으로 다른 '수업'을 배척하기도 합니다. 신상이라는 이름으로 기존 방법은 낡은 것으로 치부하고 신상만 강요해서는 안 됩니다. 우리가 하는 일상의 '그냥 수업' 가치를 무시해서도 안 될 것입니다. 새로운 것은 받아들이되 최소한 교사가 이를 받아들일 수 있는 시간적 여유는 주어야 합니다.

『수업』에서 이혁규는 스파드(Sfard) 주장을 소개합니다. 최신 교수-학습 이론을 이전 이론을 대체하는 유일한 기준으로 받아들일 때 어떤 위험이 있는지 잘 지적하고 있습니다.

> 하나의 이론이 하나의 교수적 처방으로 해석될 때, 배타성은 성공의 가장 나쁜 적이 된다. 교육적 실천들은 극단적이고 만병통치약의 실천적 처방들을 과도하게 선호하는 경향이 있다. 구성주의, 사회적 상호작용주의 그리고 상황주의 접근들이 혼합되어 유행하면서…… 자주 강의식 수업을 모두 버려야 하며, 모두에게 "협동학습"이 의무가 되고, "문제 기반"이 아니거나…… (다른) 교수법들은 완전히 부정되어야 하는 것으로 자주 해석된다. (중략) 단 두 명의 학생도 요구가 같지 않으며, 단 두 명의 교사도 똑같은 방법으로 최고의 실천에 도달할 수 없기 때문에, 이론적 배타성과 교수법적 외고집은 심지어 최고의 교육적 아이디어도 실패시킬 수 있다. (『수업』, 이혁규)

신상에 열광하는 우리에게 '어떤 이론도 진화 과정의 종점이 아니며, 동시에 과거의 이론을 완전히 대체할 수 있는 완벽한 이론도 아니라는' 스파드 주장을 귀담아 들어 볼 필요가 있습니다.

03 수업 전문성
: 어깨너머 학교, 어깨너머 수업

"저는 승진보다는 수업을 정말 잘하는 선생님이 되고 싶은데, 수업을 잘하려면 어떻게 해야 하나요?"

저에게 어느 날 신규교사가 이렇게 물었습니다. 신규교사는 자신의 진로를 '수업'에 두기로 결정하고 고민해서 말을 꺼낸 것이었습니다. 아마도 수업을 향상시킬 수 있는 연수나 체계적인 프로그램이 있느냐는 의미였던 것 같습니다. 신규교사로서 승진 유혹에 흔들리지 않는 것이 대견하기도 했고, 그렇게 결정하기까지 적지 않은 고민을 했을 그가 왠지 안쓰러웠습니다. 그러나 저는 어떻게 하라고 쉽게 말을 할 수가 없었습니다. 한편으로는 대학원 진학을 권유해 볼까도 생각했지만 대학원이 꼭 수업과 직접적인 연관이 있다고 볼 수도 없었습니다. 대학원 진학이 학위를 높일 수는 있어도 과연 수업 수준을 높일 수 있을지는 회의가 들었기 때문입니다. 현재 대학원은 승진 점수를 얻을 수 있는 또 다른 통로로 변질되어 가는 듯하며, 일부이지만 제사보다는 젯밥에 더 관심이 많은 대학원도 주위에서 볼 수 있습니다.

오랜 고민 끝에 내린 결론은 좋은 사람들을 많이 만나 보라는 것이었습니다. 함께 수업을 고민하는 사람들을 말이죠. 요즘은 교사 중심의 연구회 모임이 활성화되어서 많은 도움을 받을 수 있을 것 같았습니다.

신규교사의 이런 고민을 듣고 저 또한 고민에 빠졌습니다. 자신의 진로를 수업 잘하는 선생님으로 정한 신규교사는 큰 결심을 한 셈인데, 정작 학교에는 이 신규교사의 고민을 담아낼 만한 시스템이 거의 없기 때문입니다. 결국 혼자서 어깨너머로 배우고 노력해야만 하는 것입니다.

앞서 학교 문화를 달걀판에 비유했습니다. 교사들은 같은 건물에서 같은 학년을 가르친다 하더라도 각자 별도의 공간에서 생활합니다. 수업 또한 이와 다르지 않습니다. 마치 공동으로 합의된 불문율처럼 수업을 공개적으로 이야기하거나 공유하는 것을 주저합니다. 즉, 수업은 공식적인 자리가 아니면 '묻지도 따지지도 않는 것'이 되었습니다.

공개적으로 수업을 논의하는 장소가 없다 보니 현장의 수업 지식은 결국 어깨너머로 배우는 꼴이 됩니다. 대부분의 현장에서 교사는 수업을 하면서 자신이 말을 얼마큼 하는지, 학생들과 어떻게 상호작용하는지, 학생들은 또 수업 중에 무엇을 하고 있는지 정확한 정보를 얻기 어렵습니다.

마찬가지로 수업 평가 역시도 어깨너머로 진행합니다. 관리자는 복도를 지나가면서 대충 쓱 훑어만 봐도 어느 반이 어떻게 수업을 하는지 모두 알 수 있다고 말합니다. 신규교사 때는 복도를 지나가면서 훑어만 봐도 알 수 있다는 그 능력에 놀랐는데, 사실은 수업 평가마저도 어깨너머로 하고 있었던 셈입니다. 자세히 봐도 잘 모르는 것이 남의 수업입니다. 그 단원 전체를 봐도 모르는 것이 남의 수업입니다. 그런데도 쓱 지나가며 훑어만 보고서 어떻게 수업을 하는지 안다고 말할 수 있을까요? 혹시 그 말 속에는 알아서 잘 하라는 뜻이 숨어 있는 것은 아닐까요?

비단 수업뿐만 아니라 학교에서는 어깨너머로 배우는 것이 참 많습니다. 사실 학교에서 배우는 것은 모두 어깨너머로 배웠다고 해도 과언이 아닙니다. 과연 학교에 교사의 수업과 관련된 '체계적'인 무엇인가가 있기나 한지 의문이 듭니다. 저는 이런 학교의 모습을 어깨너머의 학교, 어깨너머의 수업이라고 표현하고 싶습니다. 수업이라는 본질은 늘 부록처럼 느껴지는 것이 현실입니다.

『수업』에서 이혁규는 영국의 역사학자 파킨슨이 주장한 '사소함의 법칙'을 이야기합니다. 학교의 모습을 너무나도 잘 설명하는 것 같아 여기에 소개합니다.

영국의 역사학자 파킨슨은 '사소함의 법칙'을 정식화하였다. 이 법칙은 '사람들이 중요한 회의 안건을 다루는 데 들이는 시간은 그 안건의 중요성에 반비례한다'는 것이다. 예컨대, 저자는 1억 파운드가 넘는 새로운 공장을 증설하는 것과 관련된 대기업 임원회의는 별다른 반론 개진도 없이 불과 15분 만에 신축하는 것으로 결정이 난 반면 그 다음 안건인 본부 건물 앞에 자전거 거치대를 설치하는 정말 사소한 공사를 둘러싸고는 한 시간이 넘는 격론이 벌어지는 현상을 보고 놀랐단다. 인생의 많은 영역에서 정작 중요한 일보다 사소한 일을 처리하는 데 대부분의 시간과 정력을 투입하는 경향이 있다.

저자는 이 법칙을 이야기하면서 학교는 교사와 학생이 가르침과 배움으로 행복하게 만나고 함께 성장하는 일에 시간을 쓰는 대신에, 공문 처리처럼 비본질적이고 사소한 일에 너무 많은 시간을 쓰지는 않느냐고 묻고 있습니다.

이 글을 읽으면서 학교에서 하는 회의 장면이 떠오르지 않았나요? 예나 지금이나 학교는 수업의 본질과 제도를 개선하려는 노력을 등한시해 왔습니다. 그저 지금까지 그래 왔던 것처럼 어깨너머로 학교를, 수업을, 교육을 바라보고 있지는 않을까요? 이제 어깨너머로 보는 수업보다 자세히 오래 보는 수업을 할 수 있기를 바라면서 다음 시를 읽어 봅니다.

풀꽃

                       – 나태주

자세히 보아야 예쁘다
오래보아야 사랑스럽다
너도 그렇다

04 교사
: 나는 나쁜 선생님이고 싶지 않다

경상남도에서 활동하는 교사밴드인 수요일밴드의 노래 중에 〈나쁜 선생님〉이 있습니다. 이 노래의 제목처럼 교사라면 누구나 나쁜 선생님이 되고 싶지 않을 것입니다. 그러나 점점 '어쩔 수 없다'는 이유를 대며 나쁜 선생님이 되어 가고 있는 자신을 발견합니다. 한 학년을 마치고 1년을 뒤돌아보면 후회할 일만 가득합니다.

학교생활을 하면서 여러 가지 벽에 부딪힐 때가 있습니다. 학생이나 학부모와 부딪히기도 하고, 동학년 교사들과 부딪히기도 합니다. 그리고 관리자와 부딪히기도 하고, 내면의 자신과 부딪히기도 합니다. 보이지는 않지만 제도와 부딪히기도 하지요. 특히 제도의 벽에 부딪힐 때는 보이지 않는 거대한 벽에 부딪히는 것 같아 막막할 때가 많습니다.

좋은 수업을 하려면 개인의 노력이 먼저일까요, 아니면 좋은 수업을 할 수 있도록 뒷받침하는 제도의 개선이 먼저일까요?

현재는 시스템이 지배하는 사회입니다. 그만큼 사회 제도의 영향력이 크다고 할 수 있습니다. 제도적인 뒷받침 없이 개인이 하는 노력에는 한계가 있습니다. 교사가 수업에 집중하고 전문성을 갖추려면 이를 위한 법과 제도, 거기에 따른 학교 풍토를 바꿔야 합니다. 당연히 교사 개인의 노력에도 한계가 있습니다. 잡무가 그렇고 승진 제도가 그렇고 기타 수업을 방해하는 모든 것이 그렇습니다. 교사 혼자서 어떻게 할 수 있는 일이 아닙니다.

그러나 현재의 교육 정책은 교사 개인의 노력만을 강요합니다. 교사 혼자 노력해서 학교 풍토를 바꾸자는 것입니다. 정작 중요한 법과 제도의 개선에는 미온적입니다. 일부 교사의 성공 사례를 다른 교사에게 일방적으로 적용하라고 강요하거나 희생을 강요하기도 합니다.

저는 수석교사입니다. 수석교사제는 모든 사람이 공감하고 긴 논의를 거쳐 법제화한 것입니다. 그러나 아직 수석교사제의 법과 제도는 불완전합니다. 법과 제도가 불완전하다 보니 결국 한 개인의 인정(人情)에 기대게 되고, 개인의 능력이나 관행에 기댑니다. 인정에 기대는 모습은 관리자가 바뀌는 시기에 확연히 나타납니다. 그저 좋은 교장 선생님이 우리 학교에 부임하기만을 두 손 모아 기도할 뿐입니다. 그러나 인정에 기대기보다는 항상 좋은 교장 선생님이 올 수 있도록 법과 제도를 바꾼다면 우리는 더 이상 좋은 교장 선생님이 오기를 두 손 모아 기도하지 않아도 될 것입니다.

법과 제도를 개선하지 않고서는 결단코 학교 문화를 변화시킬 수 없습니다. 학교 문화의 변화 없이 수업의 전문성 향상이나 수업 논의 또한 활성화할 수 없습니다. 교사 개인의 노력에 기대기에는 우리 사회가 이미 시스템화되었기 때문입니다.

관행은 이성(理性)의 작용을 멈추고 감성(感性)에 호소합니다. 감성은 묘해서 자신이 소속된 집단의 이익이나 이상(理想) 사이에서 이중성을 띱니다. 교사 때와 관리자 때의 모습이 달라지는 것에서 이런 이중성을 목격합니다. 법과 제도의 개선 없이 개인의 노력으로 달라지는 것은 봄 햇살에서 맛보는 '잠깐의 달콤함'일 뿐입니다.

어깨너머의 교육이 될 수밖에 없는 상당수의 책임은 우리 교육에서 관련 법과 제도가 미비한 데 있습니다. 잘못된 법과 제도 속에서 학교는 본질을 잃어 가고, 변질되고, 왜곡되어 갑니다. 법과 제도를 바꾸는 입법 운동을 해야 하는 이유가 여기에 있습니다. 단순히 제안하는 수준에서 머물러서는 안 되며 입법으로까지 이어져야 합니다. 지금까지 이런 움직임이 단지 운동으로만 그치는 사례를 많이 보았습니다.

『수업이 바뀌면 학교가 바뀐다』(사토 마나부)라는 책이 있습니다. 저는 법과 제도가 바뀌면 수업도 바뀐다고 말하고 싶습니다. 교사의 수업 전문성을 기르고 학교를 학교답게 바꿀 '한방'은 결국 입법뿐이라고 봅니다. 그리고 이 입법은 교사 중심의 교육법이어야 합니다. 학교 교육의 주체는 결국 교사이기 때문입니다. 모든 문제의 완전하고 근본적인 해결은 결국 법과 제도로 완성되는 것입니다. '아무리 훌륭한 이상향도 정치적·법적 대안을 구체적으로 마련하지 않으면 결코 현실화하기가 어렵습니다.'

05 교육 성장
: 지금 당장 교사에게 투자하라

2008년 2월 26일, 미국 전역의 도시에서 모든 시계가 5시 30분을 가리키자 다음과 같은 안내 방송이 나갔다.

"대단히 죄송하지만, 저희가 지금 매장 문을 닫으려고 합니다."

매장 파트너들은 고객들에게 정중히

출처 : 「LA 중앙일보」 2008.02.27.

매장에서 나가줄 것을 부탁하였다. 그리고 7,100개의 모든 매장의 문이 잠겼다. 굳게 잠긴 7,100개의 매장 문 앞에는 한 장의 메모를 붙여두었다.

"우리는 고객 여러분께 최상의 에스프레소를 선사하기 위해 잠시 시간을 갖고자 합니다. 완벽한 맛과 크레마를 가진 에스프레소는 숙련된 기술을 필요로 합니다. 그래서 우리는 지금 그 기술을 갈고 닦는 데 전념

하려고 합니다. 부디 양해해 주십시오."

이것은 스타벅스 CEO인 하워드 슐츠가 쓴 『온워드』에 나오는 이야기입니다. 그는 또 이렇게 말합니다.

한 잔의 에스프레소를 뽑아내는 일은 일종의 예술이다. 바리스타는 완벽한 맛과 향, 그리고 크레마가 담긴 커피 한 잔을 만들기 위해 온 마음을 기울여야 한다. 만일 바리스타가 커피 한 잔을 만들어내는데, 적당히 시늉만 하거나 충분히 애정을 기울이지 않아 너무 싱겁거나 혹은 너무 쓴, 질 낮은 에스프레소를 만드는 것은 있을 수도 없고 있어서도 안 된다. 왜냐하면 그건 우리가 40년 전부터 전념해온 핵심 가치인 '사람의 영혼을 감동시키는 스타벅스 정신'이라는 본질을 잃어버리는 것이기 때문이다. (『온워드』, 하워드 슐츠)

스타벅스는 완벽한 커피 맛을 내려고 매출 감소와 경쟁사에 고객을 빼앗길 위험, 언론의 비판 등 위험을 무릅쓰고 미국 내 매장을 잠시 동안 모두 닫기로 결정했습니다. 그리고 그날 저녁, 13만 5000명의 직원들은 완벽한 에스프레소를 만들어 내려고 다시 처음부터 커피를 공부해 나갔다고 합니다.

어느 조직이든 외형이 확장되면 본래의 모습을 점차 잃어 가기 마련인가 봅니다. 스타벅스가 그랬던 것처럼 학교 조직도 점점 커져 기능이나 역할이 많이 달라졌습니다. 순수한 교사와 행정 직원이 있던 학교는 이제 찾을 수 없습니다. 변화된 사회는 점점 교사에게 많은 것을 요구합니다. 이런 변화에 대처하려면 교사는 늘 새로운 것을 학습해야 합니다. 전문가 집단의 특성이 늘 연구하는 집단이라는 말도 있지 않나요? 스타벅스에 바리스타가 있듯 학교에는 교사가 있습니다. 교사가 학교의 본모습입니다.

스타벅스 이야기는 우리에게 많은 것을 시사합니다. 이윤을 추구하는 기업조차도 바리스타 13만 5000명을 재교육하려고 문을 닫았는데, 교육부라고 못할 이유가 없습니다. 정부가, 교육청이 커피회사보다도 못하다고 할 수는 없으니까요.

교사는 임용고시를 거쳐 정식으로 학교 현장에 투입됩니다. 학교 현장에 투입된 후에는 철저하게 혼자서 모든 문제를 해결해야 합니다. 기껏해야 1급 정교사 연수가 공식적인 재교육의 전부입니다. 한때 교사들을 위한 연구년제가 있었지만, 지금은 많이 축소 또는 폐지되었습니다. 표면적인 이유는 기대한 만큼 효과가 없었기 때문이라고 하네요.

지속적으로 학습하지 않으면 전문직을 수행할 수 없음에도 교육 현장에서는 이를 뒷받침해 주는 교육을 찾기가 어렵습니다. 그런데도 학생과 학부모, 사회에서는 교사에게 더 많은 것을 요구합니다. 많은 교사가 전문성에 의심을 받거나 스스로도 전문성에 확신을 못하고 있습니다. 교사가 자신의 전문성에 확신을 갖지 못하면 스스로를 의심하게 되고, 교사로서 자존감도 떨어뜨리는 원인이 됩니다. 자기 스스로를 의심하게 되면 새로운 요구를 수용하기 어렵고, 이것은 다시 자존감을 떨어뜨리는 악순환을 초래합니다. 현재 교사는 자존감이 아주 낮습니다. 오죽하면 '교사도 학교가 두렵다'고 하겠습니까? 결국 이런 악순환에서 벗어나는 길은 교사를 그만두거나 승진에 매달리거나 둘 중 하나밖에 없습니다.

전투기 조종사를 양성하는 데는 많은 비용이 듭니다. 노련한 조종사 한 명을 양성하려면 물심양면으로 지원이 필요합니다. 그런데 학생들을 가르치는 교사가 전투기 조종사보다 못하다고 할 수 있을까요? 전투기 조종사를 얕보는 것이 아닙니다. 다만 그 가치를 생각해 보자는 말입니다. 저는 교사도 그만큼 가치가 충분히 있다고 생각합니다. 노련한 교사 한 명이 짊어지는 우리 교육이 조종사에 비해 그 가치가 적다고 생각하지 않습니다. 교사에게 투자하는 것은 바로 우리나라의 미래에 투자하는 것입니다.

핑크 플로이드의 〈더 월〉과
수요일밴드의 〈나쁜 선생님〉

1999년 5월 말 영화 한 편이 9시 메인 뉴스에 등장합니다. 제작한 지 무려 17년 만에 우리나라에서 개봉한 영화 〈핑크 플로이드의 더 월〉을 다룬 뉴스입니다. 1982년 영국 감독 앨런 파커가 제작한 이 영화는 전 세계인의 관심을 받았습니다. 하지만 우리나라에서는 충격적인 장면과 사회 비판적인 내용 때문에 상영을 금지했는데, 1999년 5월에서야 겨우 개봉할 수 있었습니다. 〈핑크 플로이드의 더 월〉은 1979년 영국 록밴드 핑크 플로이드의 앨범 〈The Wall〉을 앨런 파커 감독이 영화화한 것입니다. 이 영화는 뮤직비디오의 원조로 꼽히기도 하는데 현실과 환상의 세계, 시간과 공간, 실사와 애니메이션을 자유자재로 넘나듭니다. 영화를 개봉한 당시에는 강렬하고 파격적인 장면과 표현 때문에 난해하다는 평을 많이 받았습니다. 영화 역사상 가장 감동적인 작품으로 꼽는 사람들이 있는가 하면, 너무 이해하기가 어렵다고 말하는 사람들도 있어 평은 극과 극으로 나눠졌습니다. 하지만 영화가 주는 메시지는 매우 정확합니다. 영화 내내 획일화된 교육 현실과 전쟁, 소외 문제를 핑크 플로이드의 〈더 월〉에 실어 강렬한 영상과 함께 고발합니다.

이 영화는 우리에게도 시사하는 점이 많습니다. 유튜브 등에서 검색하면 쉽게 찾아서 볼 수 있습니다. 그중 가장 많이 알려진 노래로 획일적인 교육 제도를 비판한 〈Another Brick in the Wall(Part 2)〉와 〈The Happiest Days of Our Lives〉를 소개합니다.

Another Brick in the Wall(Part 2)

(벽 속의 또 다른 벽돌)

We don't need no education.

우리는 교육 따윈 필요 없어요.

We don't need no thought control.

우리는 생각을 통제받고 싶지 않아요.

No dark sarcasm in the classroom.

교실에서 지나친 빈정거림은 그만두세요.

Teacher, leave those kids alone.

선생님들, 아이들을 그냥 내버려 두세요.

Hey, teacher, leave those kids alone!

이봐요. 선생님들. 얘들을 그냥 놔 두세요!

All in all it's just another brick in the wall.

결국 벽 속의 또 다른 벽돌일 뿐이지요.

All in all you're just another brick in the wall.

당신은 벽 속의 또 다른 벽돌에 불과해요.

The Happiest Days of Our Lives

(우리 생애에 가장 행복한 날들)

Well, when we grew up and went to school,

우리가 자라서 학교에 갔을 때

There were certain teachers, Who would hurt the children in any way they could,

거기엔 어떻게든지 아이들에게 마음의 상처를 주려는 교사들이 있었지.

By pouring their derision, Upon anything we did,

우리가 하는 일이라면 무엇이든 조롱을 퍼붓고

Exposing every weakness, However carefully hidden by the kids.

아이들이 제아무리 조심스레 숨겨 놓은 약점이라도 들추어내 폭로하기 일쑤였지.

핑크 플로이드의 〈더 월〉이 무거운 현실을 반영했다면, 수요일밴드는 교사들의 애환을 진솔한 목소리로 전합니다. 일주일 중에 가장 한가한 수요일에 밴드 연습을 한다고 해서 수요일밴드로 이름을 붙였다고 합니다. 학교 현장의 문제점과 소소한 일상을 재미있는 가사에 담아 유튜브 등에 발표했습니다.

나쁜 선생님

그때그때 쳤어야 할 수행평가를
미루고 미뤄서 이제야 치르네
제때제때 나가야 할 진도를 빼네

폭풍진도를 나쁜 선생님

출근하자마자 컴을 켜 쿨메신져
읽지 않은 메세지가 다섯 개나 있어
어제까지 제출해야 했던 공문
안 왔다고 지원청에 전화가 왔다고

죄송합니다 다했는데 보내는 걸 깜빡했네요
뻥을 치고 즐겨찾기 업무포탈 접속
어제까지 발송해야 했던 공문 보자 헐
정보공시 다 올렸던 그 자료

필요하면 검색하면 다 나오는걸
양식 바꿔 편집하니 짜증이 나나? 안 나나?
이럴 거면 정보공시는 왜 하는데
선생님 애들 싸워요 뭐? 나쁜 선생님

학기 초에 계획했던 학년 학급 운영계획
창체 범교과 넣고 운영해야 하는데
그건 그냥 패스 넘어가기 일쑤
그건 나만 그런 거니 확대는 말구

넣으라는 거 넣다 보니 매주 다른 시간표
사실 알고 보면 누가 할까 생각하지만
그냥 입 다물어 중간은 하는 척
근데 이런 숫자놀이 왜 하라는겨?
이거 말고 답이 없는겨?

창의적인 학급 운영하라 하는 게
만 원 주고 치킨 두 마리 콜라 오징어 그리고
남는 돈으로 너 하고 싶은 거 다 해
라는 거지 솔직히 나쁜 선생님

그냥 입 다물면 중간은 가는데
왜 난 이런 노랠 만드는 걸까
그냥 입 다물면 중간은 가는데
교육청에서 전화 오는 거 아이가 근데?

이걸 말하는 게 나쁜 선생님이가
말을 안 하는 게 나쁜 선생님이가
이걸 말하는 게 좋은 선생님이가
말을 안 하는 게 좋은 선생님인가 모르겠다 진짜

대표적인 노래로 〈나쁜 선생님〉, 〈에어컨송〉, 〈우유 가져 가〉 등이 있습니다. 초등학교 교사라면 누구나 공감하는 이야기를 노래로 만들었습니다.

나는 수업하러
학교에 간다

:4부:

교사 독립 선언
: 교권, 교육 과정, 교사의 자주성

"여러분, '알리바바'하면 무엇이 떠오르나요?"

혹시 어린 시절에 읽은 『알리바바와 40인의 도둑』이 먼저 떠오르지는 않나요? 그러나 지금은 '알리바바'라고 하면 가장 먼저 인터넷 쇼핑몰 '알리바바'가 떠오릅니다. 인터넷 검색창에 알리바바를 입력하면 온통 중국의 인터넷 쇼핑몰인 '알리바바'만 검색됩니다. 알리바바는 중국 최대의 인터넷 쇼핑몰로 항저우의 영어 교사였던 '마윈'이 설립했습니다.

마윈 알리바바 회장은 미국 스탠포드대학교 연설에서 자신의 성공 요인으로 세 가지를 꼽았습니다. 마윈이 꼽은 성공 요인은 우리나라의 학교 교육에도 많은 시사점을 던지기에 여기에 소개합니다.

첫째, 마윈에게는 돈이 없었습니다.

돈이 없었기 때문에 모든 문제를 아이디어나 돈이 아닌 다른 것으로 해결하려고 했습니다.

둘째, 마윈에게는 기술이 없었습니다.

기술이 없었기 때문에 기술자들이 자신의 기술을 자유롭게 발휘할 수 있도록 간섭하지 않았습니다. 자신에게 인터넷 기술이 있었다면 기술자들에게 '이렇게 하라', '저렇게 하라' 간섭했을 것이고 기술자들은 마윈이 시키는 일만 했을 것입니다. 그러나 자신은 기술이 없었기 때문에 간섭하기보다는 그들의 기술을 존중했고, 비전을 현실로 만들어 줄 기술자를 존경했다고 합니다. 그는 중국을 비롯한 전 세계에 기술이 부족한 것이 아니라 단지 그것을 감사하고 존경하는 마음이 부족할 뿐이라고 말합니다.

셋째, 마윈에게는 계획이 없었습니다.

계획이 없었기 때문에 변화를 포용하고 능동적으로 대처할 수 있었습니다. 변화는 최고의 계획이므로 변화를 포용하는 것이 계획을 세우는 것보다 더 중요하다고 말합니다. 1996년 인터넷 사업을 처음 시작할 때는 지금처럼 발달할 것이라고 예상하지 못했습니다. 그때 계획을 세우고, 계획대로 따랐다면 지금의 '알리바바'는 없었을 것이라고 합니다.

마윈의 성공 요인을 저는 교육 현실과 결부시켜 보았습니다. 우리는 혹시 학교 문제를, 교육 문제를 돈으로만 해결하려고 하지는 않았을까요? 혁신 학교 운동을 전국으로 확산할 때 지원금 때문에 문제가 된 적이 있습니다. '그 정도 지원금이면 뭔들 못하겠냐?'는 비아냥부터 일반 학교와 형평성 문제까지 돈 때문에 많은 말이 오고 갔습니다. 지금도 각종 공모 사업 등 돈으로 유혹하고 해결하려는 시도가 많이 일어납니다. 마윈은 '돈은 군사력과 같아서 경솔하게 사용해서는 안 되며, 사용하더라도 반드시 승리해야 한다'고 말합니다.

지금까지 학교는 똑똑한 교육 당국과 관리자가 운영해 왔습니다. 여전히 관리자가 화단에 심을 꽃의 종류를 정하고, 복도에 칠할 페인트 색깔을 정합니다. 특히 초등학교에서는 이런 간섭과 지시를 더 많이 받습니다. 교사는 똑똑한 교육 당국이나 관리자보다는 교사의 수업을 존중하고 교사를 존경할 줄 아는 그런 것을 원합니다.

마윈은 CEO는 계획을 세우지 않고 변화를 포용하며, 계획은 회사 구성원 각자가 세워야 한다고 말합니다. 그리고 그들이 세운 계획은 존중해야 한다고 말합니다. 그것이 기업의 비전을 현실로 만들어 주기 때문입니다.

학교도 마찬가지입니다. 관리자는 변화를 수용하고 포용하며 학교 구성원 각자의 계획을 이루어 줄 수 있어야 합니다. 관리자의 계획을 구성원에게 강요해서는 학교의 비전을 현실로 만들 수 없습니다. 학교 관리자가 8월에 바뀌면 학기 중간이라도 9월부터 학교 계획이 바뀌는 것이 우리 교육계의 현실입니다. 교사가 자신의 계획을 실천할 수 있도록 환경을 조성하는 일은 교육 당국이 실현해야 합니다. 그것이 비전을 현실로 만드는 진정한 계획입니다.

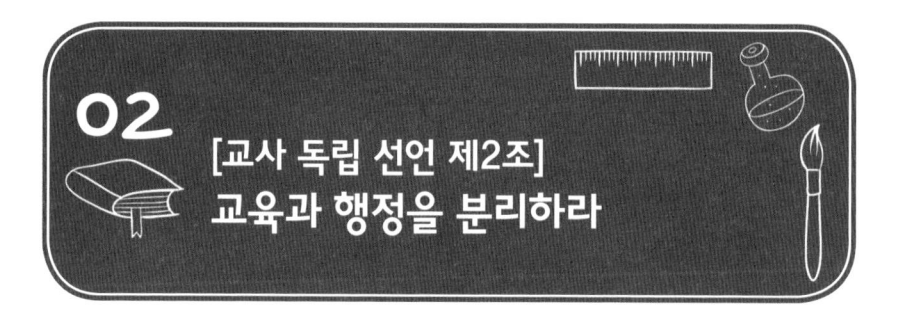

"학교는 아이들만 없으면 참 편한 곳이다."

교사들이 학생들이 없는 방학 때 행정 업무를 하면서 농담처럼 주고 받는 말입니다. 방학 때 일을 하면 학생들에게 방해를 받지 않아 업무를 빨리 처리할 수 있기 때문입니다. 앞서 한 말에서 교사의 일과 중 학교 행정이 차지하는 비중이 어느 정도인지 가늠할 수 있을 것입니다. 학교에서 학생들을 빼면 행정만 남겠지요?

'학교는 행정을 하는 곳일까요? 교육을 하는 곳일까요?' 이렇게 물으면 어리석게 보일 것입니다. 질문의 정답은 알지만, 선뜻 자신 있게 대답할 수 있는 교사는 그리 많지 않을 것입니다. 당연히 학교는 교육을 해야 하는 곳이지요. 그럼에도 학교는 '교육'하기 참 어려운 구조입니다.

학교 업무에서 교사가 얼마큼 스트레스를 받는지는 학년 초가 되면

극명하게 알 수 있습니다. 모든 교사가 학교에 일이 많다고 하소연합니다. 신규교사는 가르치는 일보다 학교 일(행정)이 더 힘들다고 하소연합니다. 중견교사는 업무분장표를 보기가 겁이 난다고 말합니다. 이제는 부장도 해야 하는데, 어떤 업무가 주어질지 걱정부터 앞선다고 합니다. 경력이 많은 교사는 업무 때문에 다른 사람에게 민폐를 끼치는 것 같아 미안하다고 말합니다. 그러나 교사의 일은 여기서 끝이 아닙니다. 업무분장표에 있는 업무만 업무가 아닙니다. 갑자기 주어지는 업무도 무시할 수 없습니다. 사회적으로 이슈가 되는 문제가 발생하면 학교에는 이것과 관련된 많은 공문이 내려오는데, 그것은 또 고스란히 교사의 업무가 됩니다. 보이는 업무 분장보다 보이지 않는 이런 일이 더 힘들 때도 있습니다. 이래저래 학교에는 온통 업무 유령들이 떠돌아다닙니다.

학교는 교육과 행정이 명확히 구분되어 있지 않습니다. 서로 혼재되어 있다 보니 다음 폐단이 생깁니다.

첫째, 교육과 행정이 혼재되어 있어 이것도 저것도 아닌 두루뭉술한 조직이 됩니다.

교사는 행정적인 업무 처리와 수업을 함께 병행하고 있습니다. 교장도 교육과 행정을 함께합니다. 학교뿐만이 아닙니다. 교육청도 마찬가지입니다. 장학사가 그렇고 교육장이 그렇습니다. 학교에서 처리하는 업무 유형으로 살펴보아도 업무 중심의 '업무 분장'과 학년 중심의 '동학년'이라는 조직이 뒤섞여 있습니다.

둘째, 교사의 정체성에 혼란을 야기합니다.

자신이 수업하는 사람인지, 행정 일을 처리하는 사람인지 헷갈려 합니다. 교사를 부르는 호칭에서도 정체성 혼란은 여전합니다. 흔히 '선생님'이라는 말 대신 '부장님'을 더 많이 사용합니다. 부장님이라는 호칭을 써서 상대방을 높여 주려는 배려입니다. 그러나 '부장님'은 주로 위계질서와 직급이 뚜렷한 '행정'에서 나온 용어입니다. 교사는 그냥 교사일 뿐입니다. 교사를 1급 정교사님, 2급 정교사님이라고 구별하여 부르지 않습니다. 교사를 부르는 호칭에서 보듯 교육이 행정에 예속되었거나 적어도 따르는 것처럼 보입니다.

정체성에 혼란을 겪기는 교원 평가 부분에서도 마찬가지입니다. 교원을 평가할 때 수업을 잘하는 사람을 높게 평가해야 하는지, 아니면 교무 행정을 잘하는 사람을 높게 평가해야 하는지 헷갈립니다. 교무부장이나 연구부장이 꼭 수업도 잘하는 것은 아닙니다. 근평과 교원종합 평가 모두 마찬가지입니다. 두 평가 모두 교육과 행정이 혼재된 상태에서 무늬만 평가를 유지하는 이유가 여기에 있습니다. 교육 활동과 교무 행정을 섞어서 모두 평가하다 보니 그 어떤 평가도 신뢰하지 않는 것입니다.

교사는 어떤 일을 처리할 때 어떤 것을 먼저하고 나중에 해야 하는지 혼란스럽습니다. 이미 행정 중심인 학교에서는 이것을 바로잡을 수 없습니다. 아무리 학교의 업무 분장을 수업 위주로 꾸리라고 해도 잘되지 않습니다. 업무 분장이라는 말 자체가 이미 행정 용어이기 때문입니다. 행정 조직은 명령이라는 강력한 힘이 있습니다. 그렇기에 자율적 실천을 강조하는 '교육'과는 대척점입니다. 행정 조직과 싸워 봐야 이길 수 없기에 수업 중에라도 급한 공문이 내려오면 처리해야 합니다.

셋째, 행정이 담당해야 하는 일을 '교육'이라는 이름으로 합리화합니다.

명확히 행정적인 일인데도 '교육'이라는 이름으로 둔갑할 때가 있습니다. 컴퓨터 관리나 안전 관리, 운동장 관리 등은 명확히 행정에 속한 것들입니다. 그런데 교육을 하는 데 도움이 된다는 이유로 '교육'에 은근슬쩍 넘겨 교사가 담당하게 하는 것입니다. 이것은 '교육'이라는 이름으로 자행되는 '행정'의 폭력성입니다. 이런 현상은 주로 학교를 관리하는 사람들의 행정 편의적인 발상에서 많이 발생합니다. '교육적'이라는 이름으로 행정을 '교육한다'에 붙이는 일은 없어야 할 것입니다.

넷째, 교육 전문직으로 전직하는 위험성이 높아집니다.

교육 전문직은 수업을 하지 않고 행정을 하고자 말 그대로 전직(轉職)을 한 사람입니다. 관리직이 그렇고 장학사가 그렇습니다. 이렇게 수업을 떠나 행정을 하는 사람이 되었으면 그 일에 충실해야 하나 현실은 그렇지 않습니다. 장학사는 교육과 관련된 행정을 보는 사람임에도 '교육을 한다'고 생각합니다. 이들이 학교의 교감이 되고 교장이 됩니다. 특정한 자리를 지키거나 오래하려고 교육과 행정을 오가며 이용해서는 안 될 것입니다. 전직한 사람을 다시 학교에서 환영한다는 것은 학교에 남은 자(교사)에게 예의가 아닙니다. 그것은 행정직이 교사보다 우월한 것처럼 보일 수 있고, 교사에게 상대적인 박탈감과 교직에 회의를 품게 합니다.

교장(校長)의 교(校)는 교육(敎育)의 교(敎)나 교사(敎師)의 교(敎)와는 다릅니다. 그 교(校)는 그 교(敎)가 아닙니다. 교장의 교(校)는 행정을 상징합니다. 이런 용어 혼란은 실제 학교 현장에서 역할 혼란으로 이어집니다. 이것의 피해는 고스란히 학교 현장이 받습니다. 교육을 우선시해야 할 학교 현장에서 왜곡 현상이 일어나는 것입니다. 마땅히 교사는 잘 가르치는 사람이 좋은 대접을 받아야 하는데 그렇지 못하고, 마땅히 장학사는 장학을 잘해야 하는데 그렇지 못합니다. 각 구성원의 정체성 혼란은 불신을 가져오고 허무주의를 낳기도 합니다. 교육 불신의 한가운데에 이런 문제가 자리하고 있음을 기억해야 합니다.

이제 교육 독립 선언을 해야 합니다. 행정적인 예속에서 벗어나 교육과 행정을 완전히 분리시켜야 합니다. 행정은 교육 때문에 존재하는 것이지 교육을 해서는 안 됩니다. 그것이 교사가 교사답고, 교장이 교장답고, 장학사가 장학사답게 되는 길입니다. '교육을 한다'와 '교육을 위한 일을 한다'를 명확히 구분해야 할 것입니다.

저는 '교육 전문직'이라는 말이 정말 마음에 들지 않습니다. 최소한 이름이라도 바꿨으면 좋겠습니다. 교육 전문직이 '교육 전문직'이라면 교사는 '교육 일반직'이라는 것일까요? 아니면 '교육 문외한'이라는 것인가요?

03

[교사 독립 선언 제3조] 교권과 교육의 자주성, 교육 주체는 교사이다

학교 안에서 교사가 가진 힘은 너무나도 미약합니다. 무엇을 하든지 이 눈치 저 눈치를 봐야 합니다. 자주적으로 무엇 하나 할 수 없습니다. 교육 주체여야 할 교사가 어느새 교육 객체가 되어 버렸습니다. 교사는 교육을 하는 사람입니다. 교사의 이런 교육 활동을 보장하는 것이 바로 교사의 권리(Teacher's Right)인 '교권'입니다.

교권은 교사가 학생들을 잘 가르치는 데 꼭 필요한 권리이며, 교사가 전문성을 발휘하여 교육할 수 있도록 여건을 조성하는 것이 교육의 자주성입니다.

교권		
교육자유권	• 교육 내용의 결정권(교육 과정, 교재 선정) • 교수 과정의 결정권 • 학생 평가의 결정권 • 학급 경영상 결정권 • 학문의 자유 • 교육자치권(지방자치, 학교자치, 학년자치, 학급자치)	
생활보장권	• 보수청구권 • 연금청구권 • 최적의 근무 여건 요구권 • 최적의 복지 혜택 요구권	
신분보장권	• 신분유지권 • 불체포특권	• 직무집행권 • 쟁송제기권
교원단체활동권	• 단결권 • 단체행동권	• 단체교섭권
국민의 기본권	정치 활동의 자유, 참정권, 표현의 자유 등	

출처: 『교사가 바꾸는 교육법』, 「교사의 권리 Teachers Rights'라는 면에서 본 '교권'」 권재원 외

『교사가 바꾸는 교육법』(권재원 외)에서는 교육의 자주성이란 교육자가 교육 내용과 교육 기구를 자주적으로 결정하고 행정, 권력, 기타 외부 세력이 교육을 통제하지 않는 것이라고 정의합니다. 그리고 다음과 같이 교육의 자주성에 포함되는 구체적인 권리 내용을 제시합니다.

첫째, 교육 정책, 교육 과정, 교육 내용을 결정할 때 정치권력에서 자주성 보장

둘째, 수업과 학생 지도 및 평가 등 교원의 교육 활동 자주성 보장

셋째, 중앙집권적 교육 행정이 아닌 교육자치 보장

넷째, 학문의 자유, 연구 활동의 보장과 지원

다섯째, 정치 활동의 자유, 참정권, 표현의 자유 및 노동 삼권 보장

　

교육의 자주성 보장은 교사가 수동적인 태도에서 벗어나 자발적으로 연구하여 능동적으로 살아갈 수 있게 도와줍니다. 교육 개혁의 첫 걸음도 교사의 자발성에서 시작해야 합니다.

교육 선진국인 독일과 핀란드 같은 나라는 교사의 자주성이 강력합니다. 『핀란드 교육혁명』(한국교육연구네트워크 총서기획팀)에서 심성보 교수가 소개한 핀란드 교사의 사례는 우리에게 교사의 자주성이란 무엇인지 다시 한 번 깨닫게 해 줄 것입니다.

핀란드 교사들은 국가 교육 과정 안에서 규정의 영향을 최소한도로 받는다고 한다. 교사들을 교육 전문가로 대우하기에 전문적 자율성을 최대한 보장하는 것이다. 국가적으로 치르는 시험도 없고 모든 교사가 스스로 교육적 판단을 통해 자율적 평가를 하는 것이다. 핀란드 교사들은 교실과 학교에서 문제를 스스로 진단하고, 문제의 대안을 세워 해결한다고 한다. 이런 교사들에게 학부모들은 '전문인'으로 신뢰를 보낸다. 핀란드에서는 1990년대 초 교사 직무에 관한 전통적 통제(학교 장학, 세밀한 국가 교육 과정, 공식 수업 자료, 교과에 기반을 둔 주간 시간표, 교사 학급 일지 등)를 청산했다고 한다. 종합학교에서 치르는 표준 테스트도 없었다고 한다. 이런 자주성은 놀랍다. 『교사가 바꾸는 교육법』(권재원 외)에서 재인용

다시 말하지만 교육의 주체는 교사입니다. 교육의 자주성이란 교사가 최소한 교육 과정을 자유롭게 편성할 수 있어야 하고, 자신의 소신에 따라 수업을 할 수 있어야 합니다. 또 학생을 평가할 수 있는 결정권이 있으며, 진정한 학급 경영을 할 수 있어야 합니다. 주위의 영향을 받지 않고 교사가 학생들의 교육 그 자체에 헌신할 수 있어야 할 것입니다. 교사가 자유롭게 교육할 수 있도록 교권을 보장하고, 교사가 자신의 이상을 교육에 고스란히 반영할 수 있도록 해야 합니다. 이것이 교사의 자주성이며, 교사 독립 선언인 것입니다.

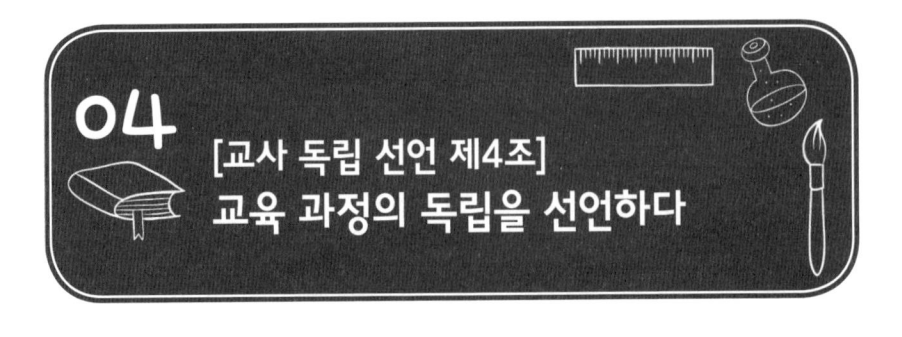

[교사 독립 선언 제4조]
교육 과정의 독립을 선언하다

"여러분의 교육 과정은 안녕하십니까?"

"종이 교육 과정으로 전락하여 여러분의 책꽂이나 컴퓨터 하드디스크 속에 잠들어 있지는 않나요?"

우리나라 교육 과정은 다층적인 피라미드 구조로 되어 있습니다. 마치 다단계 회사를 연상시킵니다. 국가 수준 교육 과정을 정점으로 지역 수준(시·도교육청) 교육 과정, 학교 교육 과정, 다시 학년 교육 과정을 거쳐 드디어 학급 교육 과정에 다다릅니다. 그리고 이 과정에서 시·군 지역 교육지원청에서는 특색 사업이라는 명목으로 은근히 끼어들기도 합니다. 단계가 많다는 것은 그만큼 제약도 많다는 것을 의미합니다. 각 단계별로 요구하는 내용에 따라 교사는 학급 교육 과정을 구성하다 보니 학급 교육 과정은 누더기 교육 과정이 되고, 이 과정에서 교사의 자율성은 어디에서도 찾아볼 수 없습니다. 게다가 정식 교육 과정에는 없지만, 이것저것 꼭 해야만 하는 숨은 교육 과정도 많습니다. 이 모든 교육 과정을 따라 하다 보면 과연 학급 교육 과정이 있기는 한지 의심마저 듭니다. 학급 경영은 이미 자투리 시간을 내서 해야 하는 지경에 이르렀습니다. 이미 국가와 교육청에서 요구하는 내용만으로도 벅찬데, 학교 교육 과정에서 요구하는 것도 차고 넘칩니다. 이렇게 국가 수준, 지역 수준(시·도교육청), 학교 교육 과정, 학년 교육 과정에 끼여 학급 교육 과정은 설 자리가 없게 되었습니다.

이런 복잡한 구조를 단순화해야 교육 과정을 정상적으로 운영할 수 있습니다. 마치 복잡한 유통 단계를 없애고 생산자와 소비자가 직거래하듯이 중간 단계를 없애 교육 과정의 직거래를 이루는 교육 과정 혁신이 필요합니다.

일부 교육청에서는 업무를 줄이려는 차원에서 학급 교육 과정은 없애고 학교 교육 과정과 학년 교육 과정만 진행하기도 합니다. 일면 일리 있어 보이기도 하나 교사의 입장에서는 동의하기가 어렵습니다. 학급 교육 과정을 없애는 것은 교사의 자주성을 없애는 일입니다. 오히려 그 반대로 학급 교육 과정은 살리고 학년·학교 교육 과정, 지역 수준(시·도교육청) 교육 과정은 없애야 합니다. 사실 가까운 곳에서 잔소리하는 시누이가 더 미운 법입니다. 국가 수준 교육 과정과 학급 교육 과정을 직거래하여 교육 과정에서 거품을 빼야 합니다. 이것이 앞에서 말한 핀란드식 교육 과정입니다. 더불어 국가 수준의 교육 과정도 적절한 수준에서 그 양을 줄여야 합니다. 학급은 교육의 모세혈관이자 학교의 세포입니다. 학급이 살아야 우리나라 교육이 성장할 수 있을 것입니다.

　교육 과정의 단계를 단순화하는 것은 물론, 내용도 단순화해야 합니다. 교육 과정하면 반영해야 할 수많은 요소가 떠오릅니다. 이것을 모두 반영하려다 보니 교육 과정은 이미 진행하기 전부터 누더기가 되어 있습니다. 현재의 교육 과정은 교육 과정에 반영할 요소를 각 주체별로 명시하여 하달하는 형식으로 운영합니다. 교육 과정에 반영할 요소를 낙하산처럼 학교에 내려보내면 학교는 없는 시간도 내서 이것을 반드시 반영해야 합니다. 때로는 학기 중간에 반영하라는 지시를 내리기도 합니다. 이는 낙하산 교육 과정이고, 끼어들기 교육 과정입니다. 현재처럼 상명 하달 식으로 교육 과정에 반영할 요소를 전달하는 방식으로는 교육 과정의 간섭을 없앨 수 없습니다. 이제 교육 과정은 열린 교육 과정이 되어야 합니다. 교육 당국은 교육 과정에 무엇을 반영하라고 지시하기보다는 반영하지 말아야 할 요소만 제시하고 나머지는 교사가 자유롭게 정할 수 있도록 열린 교육 과정을 지향해야 할 것입니다.

　교육 과정은 교사의 자주성에 해당합니다. 국가 수준 교육 과정을 반영하여 교사가 자율적으로 결정해서 운영할 수 있게 하는 것이 교육 과정의 기본 정신입니다. 교육 과정의 독립이야말로 교사를 교사답게 만드는 길입니다.

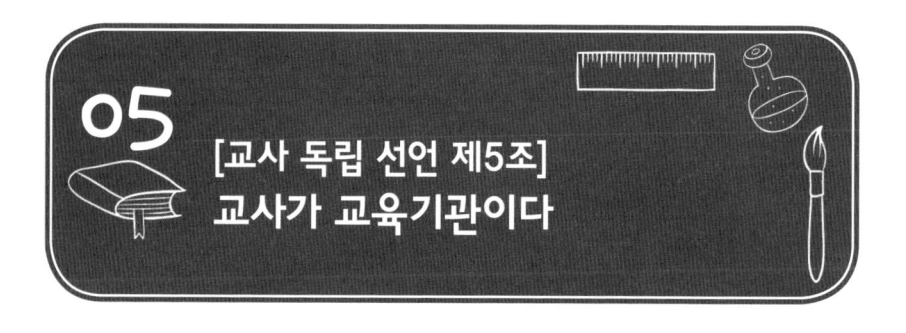

[교사 독립 선언 제5조]
교사가 교육기관이다

교사는 학교를 구성하는 기본 단위이고, 학생을 직접 교육하는 사람입니다. 식물에 비유하면 교사는 세포라고 할 수 있습니다. 식물의 세포가 튼튼해야 잘 자랄 수 있듯이 학교도 교사가 튼튼해야 잘 운영할 수 있습니다. 즉, 교사를 살리는 것이 학교를 살리는 길입니다. 현재 학교는 교장을 정점으로 하여 학년 단위와 업무 단위로 편성되어 있습니다. 특히 초등학교는 업무 단위보다는 학년 단위로 운영합니다. 전문적 학습 공동체나 공개수업, 운동회, 학예회까지 대부분 동학년 중심으로 운영합니다. 요즘은 공동체를 강조하므로 동학년이라는 공동체 중심으로 운영하는 것이 이상적으로 보일 수 있으나 실상은 그렇지 않습니다.

우선 동학년 공동체가 공동의 목표와 실천을 지향하는 진정한 의미의 공동체인지 생각해 봐야 합니다. 대개 동학년은 행정 편의에 따라 인위적으로 모인 조직입니다. 공동의 목표를 세울 수 없기에 그 실천 방법과 과정 또한 공유할 수 없습니다. 공동체는 공동 목표와 가치를 공유할 때 큰 힘을 발휘할 수 있습니다. 인위적인 공동체는 결국 형식적이고 일시적이며, 핵심은 빠진 채 일부만 공유하게 됩니다.

교사에게는 저마다 나름의 가치와 철학이 있습니다. 학생을 위한다는 교육의 목표는 같을 수 있으나 그것을 달성하는 실천 방법과 과정은 모두 다릅니다. 초등학교에서 흔히 볼 수 있는 '독서록'만 하더라도 얼핏 보면 간단해 보입니다. 하지만 독서록을 쓰는 것이 학생들의 독서력을 향상시키는 데 도움을 준다는 교사와 그렇지 않다는 교사로 나뉘어 그 효용성을 두고 여전히 갑론을박하고 있어 쉽게 결론을 내기가 어렵습니다. 이런 사소한 것에서조차 학생관이나 교육관 등 교사마다 가치관이 다르다 보니 동학년 내에서도 교육적인 견해 차이로 종종 갈등을 빚습니다.

앞서 교사를 식물의 세포에 비유했습니다. 학교의 세포는 교사와 학급입니다. 공동체는 작은 세포의 활성화로 실현할 수 있습니다. 이제 학교의 세포 분열이 필요한 시기입니다. 학교는 교사 중심으로 운영해야 합니다. 다이어트를 하려고 운동한다는 것은 그 사람의 생체리듬을 모두 운동에 맞춘다는 말입니다. 마찬가지로 교사 중심으로 학교를 운영한다는 것은 학교의 체질을 바꾼다는 말입니다. 결국 학교의 체질을 근본적으로 바꿔야 합니다.

학교의 체질을 바꾸는 방법으로 교사 1인이 1학교가 되는 스몰 스쿨(Small School)을 제안하고 싶습니다. 스몰 스쿨은 학급 중심, 교사 중심의 학교를 말합니다. 국회의원 개개인이 헌법이 보장하는 입법기관인 동시에 각 정당에 소속된 것처럼 교사 개개인도 헌법이 보장하는 교육기관인 동시에 학교에 소속이 되어 있는 것입니다. 이것이 앞서 언급한 교육의 자주성을 제대로 보장하는 방법입니다. 아무리 교육 자주성과 교권의 성장을 외쳐 봤자 스몰 스쿨과 같은 제도적 보장 없이는 그것을 이룰 수 없습니다.

교직 20년 차 교사의 제안 :
교육 독립 기구를 설치하자

"교육 과정을 너무 자주 개정합니다."

"교육 정책을 너무 자주 바꿉니다."

"입시 정책을 너무 자주 바꿉니다."

"그냥 가만히 내버려 두면 잘할 텐데……."

우리나라는 유난히 교육 정책을 자주 바꿉니다. 그야말로 교육 정책이 개그 프로그램의 제목처럼 '그때그때 달라요'입니다. 정권이 바뀔 때마다 교육 정책을 바꾸는 것을 당연시합니다. 정권이 여에서 여로 바뀌든, 야에서 야로 바뀌든 관계없이 항상 교육 정책을 바꿉니다. 교육 정책 중 가장 민감한 대학입시 제도만 봐도 박정희 정권부터 이명박 정부까지 50년간 무려 14번이나 바뀌었습니다. 이는 아마 세계 어느 나라에도 없는 신기록일 것입니다. 또 교육 정책은 정권을 교체할 때마다 바뀌는 것은 아닙니다. 정도의 차이는 있겠지만, 교육감이 바뀌면 지방 교육 정책도 바뀝니다.

특히 학교 교육의 근간인 교육 과정을 너무 자주 개정합니다. 항상 정권 말기에 교육 과정을 바꾸는 터라 더더욱 교사의 신뢰를 얻지 못하고 있습니다. 새 정권이 들어서서 교육 과정 개정 작업을 시작한다고 합시다. 개정 준비 기간에 1~2년, 개정 기간에 2년 등 시간이 필요합니다. 그 기간을 합하면 공교롭게도 집권 4년 차가 됩니다. 정권 말기가 되어서야 개정 교육 과정을 시작하는 것입니다. 정권은 임기 말로 접어들었는데, 정권의 입맛에 맞게 개정한 교육 과정은 이제 막 시작되는 것이지요. 그다음 새 정권에 접어들어서도 2년 정도 지나야 이전 정권에서 개정했던 교육 과정이 완성됩니다. 지난 정권에서 만든 교육 과정을 새 정권에서 마음에 들어 할 리가 없겠지요. 그래서 새 정권은 자기들 입맛에 맞게 다시 교육 과정을 개정합니다. 이런 악순환은 미처 생각하지 못한 대통령 5년 단임제의 피해입니다. 정권 말기에 바뀐 교육 과정을 계속 진행할 것이라 믿는 교사는 없습니다. 어차피 내년에 정권이 바뀌면 또 다시 개정할 테니까요. 이른바 '교육 과정 레임덕' 현상이 일어나는 것입니다.

자주 바뀌는 교육 정책 때문에 학교는 바람 잘 날 없습니다. 학교는 행정부 소속의 말단 기관으로서 정부 시책에 따라야 합니다. 아무리 교육의 자주성을 이야기한들 지휘감독권을 가진 상위 행정기관의 명령을 어길 수는 없습니다. 이렇게 정책이 자주 바뀌는 이면에는 교육 정책을 정치적으로 이용하거나 이념으로 재단하고, 대중영합주의로 접근하려는 생각이 있습니다. 미래가 달린 교육 정책을 너무나도 쉽게 '뜯고, 맛보고, 즐기는' 것입니다.

지속 가능한 교육 정책의 모범 사례로 핀란드 교육 정책은 빠지지 않고 등장합니다. 핀란드 교육 정책은 교육 정책의 영속성과 지속 가능한 리더십을 보여 준 대표적인 사례입니다. 핀란드는 1960년 이래로 40년 넘게 지속적이고 일관되게 교육 개혁을 추진했습니다. 이런 교육 개혁의 추진에는 독립적인 행정 조직의 역할이 컸습니다. 특히 에르끼 아호 전 핀란드 국가교육청장은 1972~1991년까지 무려 20년간 핀란드 교육 개혁을 진두지휘하며 일관성 있는 정책을 추진했습니다. 그사이 정권은 여러 차례 바뀌었지만, 그는 교체되지 않고 계속 교육 개혁을 추진했습니다. 한국을 방문한 에르끼 아호는 한 인터뷰에서 이렇게 말했습니다.

"핀란드 교육 역사에서 기존 제도를 전부 갈아엎은 후 새 제도로 바꾸는 '개혁'은 없었습니다. 옛 제도 위에 새로운 시도를 하나씩 쌓아 올린 것이지 하루아침에 전혀 새로운 제도로 탈바꿈한 적은 없습니다. 또 정치가 바뀐다고 교육의 잣대를 흔들어서는 안 됩니다. 교육은 정치가 아닙니다."

이렇듯 핀란드의 일관된 교육 정책은 정권이 바뀔 때마다 교육 정책도 따라 바뀌고 교육부장관 평균 재직 기간이 1년이 조금 넘는 우리나라와 너무 대조됩니다.

이제는 정권이 바뀌어도, 교육감이 바뀌어도, 심지어 교장이 바뀌어도 교육은 절대 바뀌지 않도록 장치를 마련해야 합니다. 국가인권위원회가 국가기관이지만 독립적인 기관인 것처럼 교육에도 독립 기구를 설치하여 장기적, 지속적, 안정적으로 교육 정책을 실행할 수 있도록 해야 합니다. 이런 교육 독립 기구를 설치하면 교육 내용을 결정할 때 정치적 중립성과 자주성을 확보할 수 있고, 지방교육자치단체와 단위 학교자치를 보장할 수 있을 것입니다. 무엇보다도 학교는 정권이 바뀔 때마다 되풀이되는 개혁을 실행하느라 시간과 재정을 낭비하지 않아도 됩니다. 또 교사는 잦은 교육 과정 개정과 정책 변화에 적응하느라 에너지를 허비하는 대신에 전문가로서 필요한 지식과 기술, 교수법 등 개발에 몰두할 수 있을 것입니다.

나는 수업하러
학교에 간다

:5부:

지금 당장 나다운
수업을 시작하라

01 수업 실패도 과정이다

여러분이 사진작가가 되어 풍경 사진을 찍는다면 '하루 종일 최고의 장면이 나타나기를 기다리다 최고의 장면이 나타났을 때 한 장의 사진'을 찍는 방법을 선택하겠습니까? 아니면 '수백 장의 사진을 찍은 후 그중에서 제일 좋은 작품을 고르는' 방법을 선택하겠습니까? 이와 관련된 이야기가 실제로 있는데, 이른바 '결혼사진작가의 원칙'입니다.

결혼사진을 찍는 작가가 완벽한 한 장면을 기다리면서 하루 종일 셔터를 누르지 않는 것이 아니라, 가능한 모든 각도에서 가능한 모든 사람들과 함께 있는 사진을 수백 장씩 찍습니다. 그러면 그들의 고객은 개인적으로 마음에 드는 사진을 마음껏 고를 수 있습니다. 수백 장 중에서 고른다면 좋은 사진을 찾을 가능성이 훨씬 더 커진다는 것입니다. (『무엇이 교사는 이런저런 이유로 수업에서 실패합니다. 아무리 노력해도 잘되지 않을 때가 있는 것이 수업입니다. 교사는 사람을 대하는 일을 하기에 더욱더 실패할 확률이 높습니다. 수업은 그날그날 환경이나 날씨에 영향을 받습니다. 예를 들어 교실에 벌이 한 마리 들어왔다고 합시다. 그러면 벌 때문에 소란이 일어나 벌이 밖으로 나가기 전까지 수업은 일시 중단됩니다. 이처럼 늘 생방송처럼 진행하는 것이 수업이기에 교사에게 수업의 실패는 일상다반사입니다.

그러나 교사는 늘상 있는 '실패'이지만, 그래도 실패할까 봐 두렵습니다. '교사는 완벽해야 한다'는 전통적인 윤리관 때문에 그렇고, 주위의 비판 때문에 그렇습니다. 그렇기에 교사는 최대한 수업에서 실패하지 않으려고 노력합니다.

'놀이 수업' 연수를 받을 때 있었던 일입니다. 놀이 수업을 잘하지 못하는 이유가 무엇이냐고 묻는 강사의 질문에 대부분의 참가자가 '수업에 적용했을 때 실패할 것 같아서'라고 대답했습니다. 실패를 두려워해서 '시도'마저 포기했던 것입니다.

실패를 두려워하는 마음은 교사에게 수업 전에 이것저것을 많이 따져 보게 합니다. 수업 전에 많이 따져 보면 좋은 수업을 할 수 있다고 믿는 것입니다. 이것은 최고의 장면이 나타날 때까지 기다리는 사진작가와 같습니다. 결국 좋은 장면이 나타나기만 기다리다 사진을 한 장도 못 찍는 꼴입니다. 조금 부족하더라도 사진을 여러 장 찍는 것이 훨씬 좋은 사진을 얻을 수 있습니다.

실패를 두려워하여 미리 완벽하게 준비하려는 마음은 도전을 불가능하게 합니다. 도전과 새로운 시도가 없는 수업은 결국 다양한 수업의 가능성마저 차단해 버립니다. 교사가 수업에서 한 번도 실패하지 않았다면, 그것은 그만큼 새로운 시도를 하지 않았다는 증거일 수 있습니다. 한 번에 성공하는 법은 없으니까요.

교사에게 실패할 수 있는 공간을 마련해 주어야 합니다. 『무엇이 수업에 몰입하게 하는가』에서 데이브 버제스는 수업에서 한 실패는 '실패가 아니라 피드백이다'고 했습니다. '성공의 공유'보다는 '실패의 공유'가 더 많은 도전을 가져옵니다. 이른바 망친 수업에서 더 많은 것을 배웁니다.

교사에게 실패는 용기 내어 고백해야 하는 두려움이 아니라 당당히 누려야 할 권리입니다. 수많은 웨딩 사진 중에서 마음에 드는 사진을 찾아내듯 수많은 실패한 수업 중에서 하나의 수업을 찾을 수 있어야 합니다. '안전한' 수업은 늘 제자리에 멈춰 있습니다. 다양한 시도와 실패를 피드백하면서 수업은 성장할 수 있습니다. 이것이 실패하는 '위험한 수업'을 계속해야 하는 이유입니다.

02 수업 정체성 찾기
: 내가 수업의 주체이다

프랑스 속담에 이런 말이 있습니다.

"당신이 먹는 음식이 곧 당신이다(You are what you eat)."

이것을 이렇게 바꿔 말할 수 있습니다.

"당신이 하는 수업이 곧 당신이다(You are what you teach)."

교사는 누구나 자신이 꿈꾸는 이상적인 수업이 있습니다. 그것을 현실에서도 이룰 수 있기를 바라지요. 그러나 모든 삶의 이치가 그러하듯이 현실에서 자신의 이상향을 실현하기란 쉽지 않습니다.

다음 표는 공개수업을 한 후 참관했던 교사들에게 '자신이 꿈꾸는 수업'과 '자신이 하고 있는 수업'을 묻고는 그 대답을 정리한 것입니다. 표를 보면 많은 교사가 자신이 꿈꾸는 이상적인 수업을 현실에서 실현하지 못한다는 것을 알 수 있습니다.

이상적인 수업이란?	내가 하고 있는 수업은?
재미있는 놀이	주고받기
감동	활동적이다.
아이들과 함께 호흡하는 것	형식에 맞추려는 수업이었던 것 같다.
수업은 아이들과 함께 '소통'하는 것	흥미로울 땐 아이들이 너무 흥분하고, 정적일 때가 없다.
만남의 장	생존형
함께 걸어가는 지식의 길(동행)	교감의 장을 넓혀라.
교사와 학생이 상호작용하면서 배움을 공유하고 나누는 것	생동감이 부족하다.
배우는 과정에서 또 다른 배움의 동기를 얻어 꾸준히 자기 성장의 동력을 얻는 시간	준비가 부족해 실패할까 봐 불안한 수업이었다. 내가 즐겁고 편안한 마음으로 수업에 임해야겠다.
교사와 학생이 함께 배움을 나누는 것	내 말은 줄이고, 학생들의 말은 많이!
함께 나누는 것	때로는 공감, 때로는 따로 국밥. 늘 시간이 부족하다.
학생들의 의견과 생각을 잘 받아 주고 배움을 서로 나누는 것	교과서 진도 나가기 위주의 수업을 하는 교과서 위주의 수업이라 늘 부족함을 느낀다.

이상적인 수업이란?	내가 하고 있는 수업은?
수업이란 교사의 관심과 열정이 성패의 기준이 되는 것이라 생각한다. 끊임없는 고민과 현재 맡고 있는 아이들을 위해 연구하고 시간을 쓰는 만큼 보람으로 다가오는 작업 같다.	임용고시 합격 후 임명장을 받으러 갔을 때 어떤 분이 우리에게 한 말이 생각난다. 쉬는 시간 5분만이라도 다음 수업을 생각하는 교사가 되라고……. 수업이 언제나 1순위가 될 수 있는 선생님이 되고 싶다는 생각이 들었다.

업무로 하루하루 바쁘게 생활하다 보면 수업이 학교 업무의 부록으로 느껴질 때도 있습니다. 바쁜 업무 중에 시간을 쪼개어 수업을 하는 교사에게 내 수업의 정체성을 찾으라고 하면 배부른 소리라고 할 수도 있습니다. 그러나 수업의 정체성은 교사로서 나를 있게 하는 내적 원동력입니다. 즉, 수업의 정체성은 내적 동기로 수업 그 자체에 흥미와 즐거움을 느끼게 함으로써 수업을 능동적으로 할 수 있게 합니다. 이렇게 중요한 수업의 정체성을 찾는 몇 가지 방법을 소개합니다.

정체성 찾기 1 : 교사로서 '나' 생각해 보기

내 수업의 정체성을 찾으려면 무엇보다도 교사로서 '나'를 생각해야 합니다. 작은 것부터 차근차근 돌아보면 교사로서 '나'를 생각하는 데 도움이 될 것입니다.

먼저 교사로서 내가 잘하는 일과 좋아하는 일을 생각해 보세요. 다음으로 교사로서 내가 할 수 있는 일과 할 수 없는 일은 무엇인지 생각해 보세요. 또 교사로서 내가 하고 싶은 일과 하기 싫은 일도 생각해 보세요.

사소한 것이라도 조금씩 교사로서 '나'를 알아가는 것이 수업에서 내

정체성을 찾는 길입니다. 너무 거창할 필요는 없습니다. '노래를 많이 들려줘야지', '학생들을 웃겨야지'처럼 현실적인 것이 오히려 '내' 정체성을 찾는 데 더 도움이 될 수 있습니다.

정체성 찾기 2 : 교사로서 내 가치 찾기

그다음은 나는 수업에서 무엇을 가장 중요하게 생각하는지, 즉 교사로서 자기 가치 찾기입니다. 교사는 누구나 자신이 교사로서 소중하게 생각하는 수업이 있습니다. '대화를 소중히 여기는 수업', '관계를 중요하게 여기는 수업', '현실을 소중히 여기는 수업', '삶을 반영하는 수업' 등 교사로서 수업에서 소중하게 여기는 가치를 찾아보세요. 여기서도 너무 거창하게 생각하지 말고, 작지만 소중한 가치를 조금씩 찾아가는 지혜가 필요합니다.

정체성 찾기 3 : 교사로서 나만의 관점 갖기

교사로서 나만의 관점을 갖는 것은 매우 중요합니다. 자기 수업에서 관점을 갖는다는 것은 곧 자신만의 기준을 정하는 일이자 '잣대'를 세우는 것입니다. 이것을 바탕으로 나만의 기준에 따른 수업, 나의 정체성이 깃든 수업을 할 수 있습니다.

정체성 찾기 4 : 나만의 수업 만들기

나만의 '관점'을 가졌다면 이것에 따라 수업을 만들어 봐야 합니다. 나만의 관점이 생겨서 수업을 만들기도 하지만, 나만의 관점을 찾으려는 목적에서 수업을 만들기도 합니다. 관점은 차례대로 순번을 정한다고 생기는 것이 아닙니다.

수업을 설계할 때 '저렇게 하면 좋겠다', '이렇게 해 볼까?' 등 생각으로만 그칠 때가 많습니다. 그러나 생각한 수업을 설계에서 완성까지 오롯이 나의 힘만으로 끌고 가는 경험이 중요합니다. 이 과정에서 교사로서 '나'를 깨달을 수도 있고, 내가 생각하는 수업에서 '가치'를 찾을 수도 있으며, 나만의 '관점'을 발견할 수도 있습니다. 그리고 이 모든 것이 담긴 수업의 정체성을 찾을 수도 있을 것입니다. 이런 점에서 교사로서 정체성을 찾으려고 수업을 많이 만드는 것은 매우 중요합니다.

정체성 찾기 5 : 다른 사람 수업 보기

내 수업의 정체성을 찾았다는 것은 다른 사람의 수업을 제대로 볼 수 있는 힘을 지녔다는 것입니다.

남의 수업이나 실천을 풍부하게 읽어 낼 수 있는가, 아닌가는 보는 이의 실력과 관계가 있다는 것을 깨달았다. 자기 것을 갖고 있지 않으면 남의 것도 보이지 않는 법이다. 똑같은 지도안이나 책이라도 처음 그것을 읽고 파악해서 이를 근거로 실천하고, 또 읽어 보고 자기 것으로 만든 다음에 다시 읽어 보면, 이전에 읽어도 이해하지 못했던 내용을 파악할 수 있게 된다. 남의 실천에서 풍부하게 배울 수 있으려면, 자기의 발판이 되는 실천을 만들어 내지 않으면 안 된다는 것을 절실히 느꼈다. (『교사는 어떻게 단련되는가』, 아리타 가즈미사)

교사에게 수업의 정체성은 무엇일까요? 앞에서 인용한 프랑스 속담을 다시 바꿔 보겠습니다.

"그 사람이 곧 그 사람의 수업이다."
"그 사람의 수업이 곧 그 사람이다."

교사의 삶과 교육은 분리되어 있지 않습니다. 결국 교사란 수업에서 자신의 정체성을 찾고 자아를 형성해 가는 여행자인 것입니다.

03 당장 지도안을 리셋하라

공개수업을 할 때 수업을 제법 잘한다는 이야기를 종종 들었습니다. 그때마다 교장 선생님은 '수업을 잘하니 수업실기대회에 한 번 참여해 보라'고 말씀하고는 했습니다. 그러다 '정말로 내가 수업을 잘하나?' 하는 착각에 빠져 '한 번 나가 볼까?' 하다가도 망설이고는 했습니다. 공개수업을 하는 것은 어렵지 않은데, 지도안과 계획서, 보고서를 쓰는 일은 정말 하기 싫었습니다. 그런데 수업실기대회에 참여하려면 계획서를 무려 30쪽이나 써야 한다고 합니다. 원래는 그보다 훨씬 더 많았는데 지금은 많이 줄었다며, 분량에 제한을 두지 않는다면 정말 엄청난 지도안을 제출할 것이라는 이야기를 이전에 대회에 참여한 적이 있었던 교사에게 전해 들었습니다(현재 경기도교육청이 주최하는 수업실기대회는 폐지했습니다).

그 후 처음이자 마지막으로 수업실기대회에 참여한 적이 있습니다. 물론 30쪽 내외의 계획서와 더 많은 분량의 보고서를 제출하고 말이죠. 그렇게 제출한 계획서와 보고서에 과연 수업의 진정성은 얼마큼 담겨 있었을까요? 보고서 안에는 내 이야기가 아닌 다른 내용들로 채워져 있다는 것을 보고서를 제출한 후에야 깨달았습니다. 차라리 내 이야기로만 채웠으면 이렇게 부끄럽지 않았을 텐데, 등급에 상관없이 마음은 떳떳할 텐데 하는 후회만 남았습니다. 이때 일을 거울삼아 지도안이든 보고서든 내 이야기를 써야 한다는 것을 깨달았습니다. 비록 진정성 없는 계획서로 수업실기대회에 참여한 것은 부끄럽지만 내 이야기를 써야 한다는 교훈을 얻었으니 그나마 다행이지 않나요?

요즘도 3월과 4월이면 교육부나 교육청이 주최하는 수업실기대회나 현장연구대회 등 관련 공문이 오는데, 계획서 분량을 확인해 보았습니다. 4월에 진행한 현장연구대회는 무려 80쪽이 넘게 보고서를 작성해야 하네요. 거기에 부록은 별도입니다. 물론 동영상도 찍어야 하고요. 모순되게도 공문 마지막에서는 '초과 시 감점'이라는 문구가 있습니다. 인성교육 연구대회도 있어 살펴보니 이것도 보고서 분량이 70쪽이네요. 물론 이것이 다 지도안은 아니겠지만, 그래도 많아도 너무 많다는 생각이 듭니다.

그러면 이 보고서 안에는 어떤 내용이 담겨 있을까요? 교실수업개선 실천사례 연구발표대회 추진 계획에서 연구대회의 목적을 읽어 보았습니다.

- 학생의 꿈과 끼를 키울 수 있는 행복 교육 실현 및 다양한 사고력과 창의력을 갖춘 미래인재 양성을 위해 교실 수업을 개선 실천 우수 사례 발굴

- 학생의 끼를 발현하고 꿈을 실현하는 효과적인 수업 운영 사례 및 실행 연구 방법을 일반화시켜 학교 현장의 교수·학습 개선 도모

주위에서 가끔 교실수업개선실천사례 연구발표대회에서 입상한 교사를 볼 수 있습니다. 그 교사에게서 '학생의 꿈과 끼를 키울 수 있는 행복교육 실현 및 다양한 사고력과 창의력을 갖춘 미래인재 양성을 위해 교실 수업을 개선하고 이런 우수 사례를 보여 주었다'는 자랑스러운 표정이 아닌 왠지 쑥스러운 옅은 미소를 보게 됩니다. 겸손이 지나쳐서 그렇지는 않겠지요.

우리가 흔히 접하는 보고서와 마찬가지로 수업 지도안도 이처럼 내용과 형식을 모두 제대로 담아내지 못하고 있습니다. 학교에서 공개수업을 하면 꼭 등장하는 것이 지도안입니다. 지도안은 학습 지도안, 수업 설계안, 교수−학습 과정안, 교수−학습 계획안 등 그 이름도 다양합니다. 지도안 형식은 세안과 약안 두 가지로 분류됩니다.

공개수업을 할 때 많은 학교에서는 지도안의 형식을 지정해 주고는 거기에 맞추어 제출하라고 합니다. 때로는 교사가 먼저 지도안 양식을 요구할 때도 있습니다. 형식이라는 틀이 있으면 인간은 그 틀을 메우려고 노력합니다. 인간은 빈칸을 그냥 두지 못하는 존재인 것 같습니다. 지도안 형식이 마음에 들지 않는다고, 쓸 것이 없다고 해서 순진하게 빈칸을 남긴 채 지도안을 제출하는 교사는 아마 없을 것입니다. 교사는 무엇으로라도 빈칸을 채우려고 노력합니다. 이렇게 지도안은 빈칸 채우기로 전락하고, 남은 빈칸은 우리에게 거짓말이라도 채워 넣으라고 유혹합니다.

지도안은 수업 설계도입니다. 교사가 직접 자신이 할 수업을 설계하는 것입니다. 건축 설계와 수업 설계가 다른 점이 여기에 있습니다. 건축은 설계하는 사람과 시공하는 사람이 다르지만 수업은 같습니다. 따라서 건축 설계는 형식이 정확하고 명확해야 하는 반면에 수업은 형식이나 내용을 자신에게만 맞추면 그만입니다. 지도안이 형식에 치우치면 수업 역시도 형식에 치우칠 수밖에 없습니다. 현재의 지도안은 수업을 통합적으로 통찰하기보다는 단계별, 활동별로 나눠져 있습니다. 수업 시간도 작은 단위로 쪼개져 있어 호흡이 긴 수업을 표현하기가 쉽지 않습니다. 특히 교사의 철학이나 관점이 분명한 수업에서는 이런 현상이 더욱 두드러집니다. 주제 통합 재구성을 이용한 수업이나 프로젝트 수업 등은 긴 호흡이 필요한 수업이기에 지금처럼 지도안에 담기는 어렵습니다. 이렇듯 지금의 지도안은 교사 중심의 지도안이라고 할 수 없습니다. 지도안은 교사가 작성하고 사용합니다. 따라서 지도안을 교사 중심으로 리셋해야 합니다.

지도안을 아무리 상세하게 썼다고 해도 수업에서 그대로 하기는 사실상 어렵습니다. 앞서 말했듯 수업에는 변수가 많기 때문입니다. 그렇기에 세안이든 약안이든 수업의 모든 것을 담기에 부족하기는 마찬가지입니다. 공개수업만 '보여 주기 식 수업'이 있는 것이 아닙니다. 지도안도 '보여 주기 식 지도안'이 있습니다.

지도안은 교사의 현실을 반영해야 합니다.

현실적으로 지도안을 쓰는 데 너무 많은 시간을 허비합니다. 이것이 바쁜 교사의 일상에서 지도안을 쓸 수 없는 가장 큰 이유입니다. 지도안에는 이런 현실 또한 반영해야 합니다. 프로젝트 수업처럼 긴 호흡이 필요할 때는 1시간짜리용 지도안은 아무런 의미가 없습니다. 프로젝트 계획을 바로 지도안으로 대체하는 것입니다.

　다음은 1년 동안 수업 나눔을 하면서 쓴 지도안 예입니다. 현장감을 더하려고 맞춤법을 수정하지 않은 채 그대로 옮겼습니다.

				고래밥으로 분류하고 비율그래프 그리기
6.20	2.6	수학 과학	분류 하기 비율 그래프	2학년은 분류하기 3학년 과학 기초탐구 기준에 따라 분류하기 6학년 비율 그래프에서 고래밥으로 종류별로 나누어 보기와 비율그래프로 나타내기 2학년의 경우 4명 1모둠이 한 봉지를 이용해서 종류별로 나누게 한다. 6학년의 경우에는 개인이 해도 된다. 먹을 시간을 주어야 한다. **고려사항 : 물수건을 준비해야 한다. 애들이 손을 쪽쪽 빤다. 과자 만지고 나서 물수건으로 정리할 수 있어야 한다. 하나씩 먹으라고 해야 한다. 아니면 하나하나 숫자를 세면서 먹게 해야 한다. 그렇지 않으면 한 주먹씩 가져다 먹는데 이것이 전염병처럼 번진다.**
6.20	6	사회	지구 온난화	에너지 사용으로 인한 지구온난화 우리 학교 전기료, 수도세, 가스비, 쓰레기봉투, 인쇄용지 사용료 등등을 퀴즈로 내게 한다. 행정실장을 초빙하여 정답을 알려준다. 우리 학교의 에너지 사용 지도를 만들어 본다. 모둠별로 학교의 각 실을 가서 에너지가 사용되는 것을 스마트폰으로 찍고 컴퓨터 형광등 수 등을 숫자로 적어 오게 한다. 학교 지도에 빨간색 스티커를 붙이고 발표한다.

5/18	2	통합 교과	가족	동기유발은 국제시장 같은 가족이 등장하는 영화 포스터나 그림책을 사용한다. 5-6차시 호칭을 넣어 친척을 소개하거나 드라마 등장인물 관계도로 친척을 부르는 말을 공부한다. 9-10차시 친척의 소중함 : 이산가족 영상이나 앤서니 브라운의 돼지책, 우리엄마, 우리아빠, 우리형을 사용한다. 11차시 큰 주사위, 콘에다가 깃발을 연결해서 활동 12-13차시 자진모리 장단을 뽑아서 칠판에 붙여주기

이 지도안은 형식면에서나 내용면에서 많이 부족한데, 그나마 바쁜 교사에게는 실천 가능한 지도안이 아닐까 합니다. 표에서 굵은 글자로 표현된 부분은 수업성찰한 내용입니다. 지도안의 거품을 빼고 다이어트까지 했으며 수업성찰까지 참 알차게 들어간 지도안이라고 생각합니다. 형식을 고집하며 1년에 한두 번 작성하는 지도안보다는 비록 많이 부족하지만 이렇게 매일 쓰는 지도안이 수업 향상이라는 목적에는 더 부합하는 좋은 지도안일 것입니다.

가끔씩
깨닫는
너의 고마움

— 하상욱 단편시집 『재부팅』 중에서

하지만 현실은 이런 지도안마저도 쓸 시간이 없습니다. 꾸준히 자신만의 지도안을 쓰다 보면 그 과정에서 자신만의 교수법과 관점도 찾을 수 있을 것입니다. 제가 근무하던 학교에서 어떤 교사는 지난해 자신이 쓴 공개수업 지도안을 저에게 와서 찾고는 했습니다. 평소 제가 지도안을 삭제하지 않고 잘 보관하는 것을 알기 때문입니다. 얼마나 보기 싫으면 자신이 쓴 지도안을 삭제해 버렸을까 그 마음이 이해되기도 합니다. 이제는 스스로도 보기 싫은 지도안은 쓰지 맙시다.

04 창의적인 수업은 노력에서 나온다

여기저기서 창의성 이야기가 많이 들립니다. 학교 역시도 창의성은 뜨거운 화두입니다. 하지만 창의성을 발휘하여 수업을 하라는데 막막하기 그지없습니다. 창의성이 무엇인지 어떻게 해야 기를 수 있는지 알기가 쉽지 않습니다. 조승연은 『비즈니스 인문학』에서 창의성 어원을 이렇게 설명합니다.

먼저 creative라는 단어의 원래 의미는 아기, 동물, 곡식 등이 '자라다'를 뜻하는 라틴어 crescere가 어원이다. (중략) 음악에서 소리가 점점 커져 절정에 이르는 것을 '크레센도crescendo'라고 한다. 또 초승달이 자라면 반달이 되고 반달이 자라면 보름달이 되기 때문에 초승달 모양의 빵을 '크루아상croissant'이라고 부르고 있다. 이렇게 creative는 전구가 켜지는 것처럼 '갑자기 툭 튀어나오는 생각이 아니라, 시간이 경과하면서 초승달이 점점 동그랗게 차오르는 것, 밭에 씨를 뿌리면 식물이 서서히 자라는 것, 음악 소리가 천천히 올라가다가 절정에 달해 콘서트홀을 가득 채우는 것처럼 서서히 '자라나는' 것이다.

또 같은 책에서 창의성과 관련된 두 예술가의 일화를 소개하면서 창의성을 어떻게 길러야 하는지도 알려 줍니다.

프랑스 시인 알퐁스 드 라마르틴은 자신의 시 쓰는 방법에 대해 "정원을 걸으면서 명상을 하다보면 갑자기 하늘에 쓰여 있는 시구가 보인다"며 말하고 다녔지만 라마르틴 사망 후 발견한 그의 유품에서 같은 시를 수백 번 수정한 노트가 나왔다. 결국 라마르틴의 탁월한 시적 능력은 뮤즈가 갑자기 내려준 영감이 아니라 시간적 여유를 가지고 쓰고 또 쓰고 쓰다가 자라난 결과물이었던 것이다. 하지만 라마르틴은 자기가 천재라는 이미지를 만들어 시집을 많이 팔았고, 그가 만든 천재의 이미지가 인문학 안에서 자리 잡았다.

뉴욕의 사진가 척 클로스는 화가로서 손이 마비되는 위기를 손목에 붓을 묶어 그림을 그리며 계속적인 작품활동을 해나가면서 새로운 기법과 스타일을 창조했다. 그런 그에게 언론이 "어려운 여건 속에서도 새로운 예술 기법을 발명할 수 있었던 창의성은 어디서 나오는지" 그 비결을 묻자 "아이디어가 나올 때까지 계속 작업을 하면서 이것저것 해본다"라고 단순하게 답변했다.

　이 이야기들을 종합해 보면 창의성은 한 번에 뚝딱 하고 등장하는 것이 아니라 꾸준한 노력으로 얻을 수 있음을 알 수 있습니다. 정말 아이들의 말대로 '꾸준히', '잘', '될 때까지'인 것입니다. 제 주위의 한 교사는 미술 수업을 잘하고 싶은 마음에 10년간 매주 토요일에는 화실을 다녔고, 다른 교사는 토론과 토의 수업을 잘하고 싶어서 몇 년간 이런저런 도전을 한 끝에 초등학생에게 적합한 토론·토의 모형을 찾아냈습니다. 그림책과 문학 수업 때문에 매주 지역 국어교육연구회에서 연수를 받은 교사도 있고, 교육 연극을 수업에 적용하려고 고군분투한 교사도 있습니다. 또 주제 통합 프로젝트 수업을 하려고 열심히 공부하는 교사도 있고, 영어 교육을 담임도 할 수 있게 하려고 영어 교과 자료를 개발하고 보급하는 교사도 있습니다. 이들 모두는 각자 위치에서 창의성을 발휘하여 실천하고 있는 것입니다.

　교사는 수업을 하는 사람입니다. 따라서 교사의 창의성은 수업에서 발현되며, 그것은 수업을 하면서 나타나는 실천적 창의성입니다. 수업은 어떤 지식이나 사실을 그저 전달하는 것에 머물러 있지 않습니다. 교사의 철학과 안목으로 재해석하는 과정을 거칩니다. 그 과정에서 교사는 교과를 해석하고, 현실과 삶과 배움을 어떻게 연결할지 고민하게 됩니다. 수업은 현실과도, 교육 이론과도 동떨어질 수 없습니다. 교과 이론과 교육 이론을 현장에 맞게 재해석하고 수업으로 실천하는 과정에 교사의 생각을 담아냅니다. 그래서 교사는 수업의 실천가이자 재해석자인 것입니다.

흔히 '수업에는 왕도가 없다'는 말을 합니다. 이것은 수업의 어려움을 말한 것이지만, 교사에게 창의성이 왜 필요한지도 잘 말해 줍니다. 좋은 수업은 아무리 노력해도 끝이 없습니다. 수업의 창의성도 꾸준한 노력에서 나옵니다.

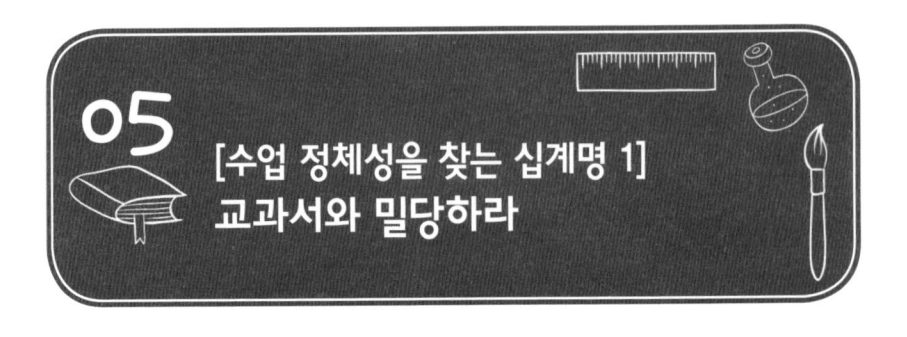

교과서는 교사에게 계륵과 같습니다. 교과서대로 수업하자니 판에 박힌 수업이 될 것 같고, 그렇다고 교과서를 버리자니 용기가 나지 않습니다. 교과서는 늘 논란의 한가운데에 서 있습니다. 흔히 자신만의 수업을 하려면 '교과서를 버려라'고 합니다. 이런 주장을 하는 사람들은 현장에서 가르쳐야 할 것은 교과서가 아니라 교육 과정이라고 말합니다. 교과서는 교육 과정을 가르치려고 만든 자료일 뿐이라는 것입니다. 그러니 교과서를 버리고 교과를 재구성하여 자신의 수업을 완성하라고 합니다. 저 또한 이 주장에 동의합니다. 그러나 영화 〈죽은 시인의 사회〉의 '키팅' 선생님이 아닌 이상 실제로 교과서를 버리기는 말처럼 쉽지 않습니다.

'수업은 현실'입니다. 교사에게는 교과서 또한 현실입니다. 그러니 현실에 존재하는 교과서를 인정하는 것부터 시작해야 합니다. 교과서를 당장 버리라는 것은 마치 슈퍼마켓에서 파는 '봉지라면'은 공장에서 만들었으니 먹지 말고 내 입맛에 맞는 '수제라면'을 직접 만들어서 먹으라는 말과 같습니다. 라면이 어떻게 생겼는지 모르는 사람에게 '수제라면'을, 그것도 손수 만들어서 먹으라는 것은 무리입니다. 교육 과정 재구성도 이와 마찬가지입니다. 미처 준비도 안 된 상태에서 재구성한 수업은 이합집산에 불과하거나 교사에게 자기만족은 줄 수 있겠지만 좋은 수업은 아닙니다. 교사의 자기만족을 위한 수업은 경계해야 할 대상입니다.

교과서는 이미 교육 과정 분석 작업을 마친 표준화된 자료이기에 처음 시작하는 교사에게는 기준점이 됩니다. 교사에게 표준화된 자료는 지도와도 같습니다. 지도를 충분히 숙지하여 여행지를 제대로 익혀야 더는 지도가 필요 없는 것처럼 교과서를 제대로 파악해야 그것을 버릴 수 있습니다. 먼저 교과서와 친해지세요. 교과서에서 자유로워진 거리만큼 자신의 수업에 한 발 더 가까워질 수 있습니다. 서두르지 말고 차근차근 교과서와 밀당을 하며 교과서와 헤어지는 연습을 시작해 보세요. 라면에 파도 넣고 계란도 넣듯 교과 내에서 재구성해 보고, 교과와 교과 간에도 재구성해 보세요. 가까운 데서부터 먼 데까지 차분히 범위를 조금씩 넓혀 주제도 통합해 보세요. 그러다 보면 언젠가는 교과서를 버리는 날이 오겠지요.

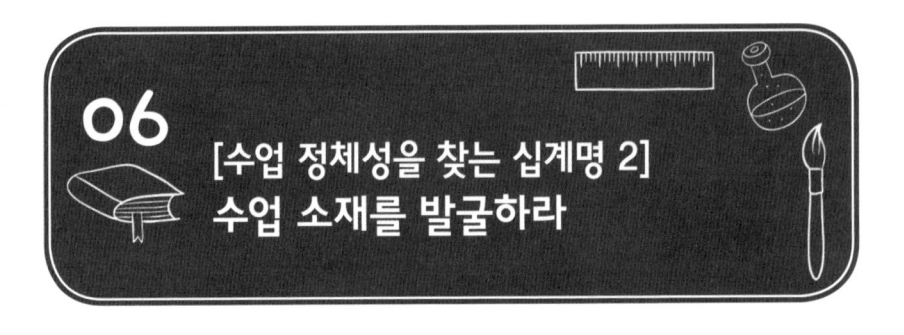

06 [수업 정체성을 찾는 십계명 2] 수업 소재를 발굴하라

"이번 시간에는 뭘 하지?"

매일 수업을 해야 하는 교사는 매 수업 1시간이 매우 걱정됩니다. 아무리 수업을 잘하는 교사일지라도 매일 '수업 거리'를 걱정해야 합니다. 매일하는 수업이기에 매번 특별하기는 어렵지만, 매번 특별한 수업을 하고 싶은 것이 교사의 본능입니다. 그렇다고 특별한 수업 방법이나 기술을 익혀 수업을 할 수도 없습니다. 그것이 가능하다고 하더라도 특별한 수업 방법이나 기술을 배우고 익히는 데는 많은 시간과 노력이 필요합니다. 하루아침에 뚝딱 기를 수 있는 것이 아닙니다. 그러나 수업의 소재는 다릅니다. 수업에 적합한 적절한 소재를 찾아 그것에 교사의 아이디어를 더하면 얼마든지 특별한 수업을 할 수 있습니다.

그동안은 수업 소재를 그다지 중요하게 여기지 않았습니다. 수업 향상과 관련된 논의는 항상 수업 방법이나 기술에 치우쳐 왔습니다.『교사는 어떻게 단련되는가』에서 아리타 가츠미사는 '소재 70에 솜씨 30'으로 수업에서 소재의 중요성을 강조합니다.

교사는 소재를 구하는 노력을 해야 합니다. 훌륭한 소재는 언제 어디서나 만날 수 있습니다. 지나가는 차 안에서, TV 예능 프로그램에서, 어제 본 영화에서도 좋은 소재를 찾을 수 있습니다. 그러나 어디에나 있다고 해서 누구나 소재를 발견할 수 있는 것은 아닙니다. 고민한다고 저절로 얻을 수 있는 것도 아닙니다. 각 교과의 교육 과정이 머릿속에 들어 있어야 합니다. 무엇을 가르치는지 알아야 그것과 관련된 소재도 눈에 들어옵니다. 그리고 그렇게 발견한 소재에 의미를 부여하여 수업으로 살려 낼 수 있는 것입니다.

정조 때 활동한 문장가 유한준은 '사랑하면 알게 되고 알면 보이나니, 그때 보이는 것은 전과 같지 않으리라'고 했습니다. 수업 소재 또한 그러합니다. 수업 소재는 갑자기 하늘에서 뚝 떨어지지 않습니다. 평소에 저축하는 마음으로 차곡차곡 쌓아 놓아야 합니다. '감'과 '촉'을 길러 일상생활에서 수업에 활용할 만한 소재를 찾아 기록하는 습관을 기릅시다.

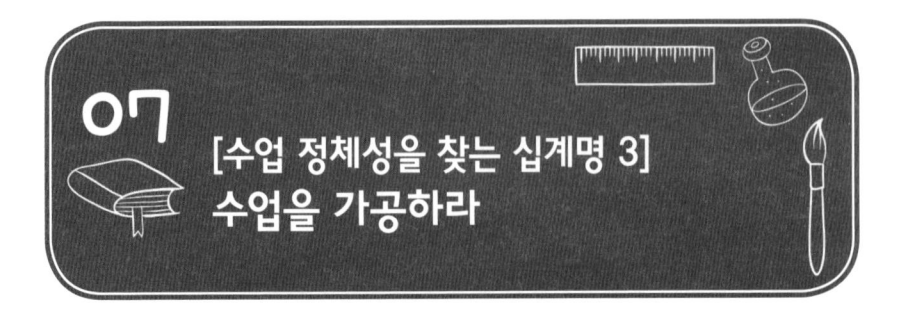

[수업 정체성을 찾는 십계명 3]
수업을 가공하라

차곡차곡 쌓아 둔 수업 소재는 교사의 안목으로 재가공해야 합니다. 가공을 어떻게 하느냐에 따라 동일한 소재도 다른 수업이 됩니다. 이는 보석을 가공하는 것과 같습니다. 자신에게 맞게 가공하는 작업은 소재의 발굴만큼이나 중요합니다. 보석 세공사는 원석을 찾았을 때보다 그것을 세공할 때 더 큰 기쁨을 느낀다고 합니다. 같은 레시피로 요리할 때도 어떤 양념을 어떻게 넣느냐에 따라 맛이 다릅니다. 교사는 저마다 수업 스타일이 다릅니다. 어떻게 하나의 방법, 하나의 기술로 모든 수업을 통일할 수 있겠습니까? 같은 소재라도 교사에 따라 각기 다른 수업이 됩니다. 그러므로 자신에게 맞는 소재를 자신만의 방식으로 재가공하는 연습이 필요합니다.

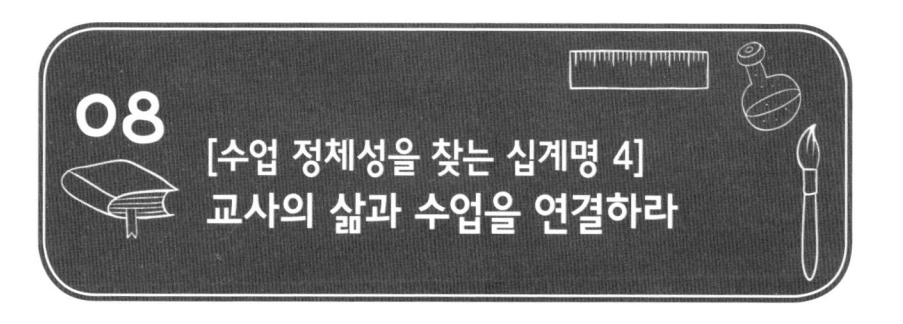

08 [수업 정체성을 찾는 십계명 4]
교사의 삶과 수업을 연결하라

　교사는 움직이는 교육 과정이라는 말이 있습니다. 교사의 삶이 곧 교실에 녹아들어 배움으로 일체화된다는 의미입니다. 교사가 보고 듣고 경험하는 모든 것이 수업에 드러납니다. 교사의 삶이 곧 수업인 것입니다. 교사의 일상 속에서 수업은 끝없는 고민 끝에 탄생합니다. 내일 1교시 국어 수업 소재를 오늘 저녁 산책길에서 찾을 수도 있고, 내일 2교시 사회 수업 소재를 오늘 소파에서 뉴스를 보다가 얻을 수도 있습니다. 주말에 본 영화가 월요일 수업에 다시 등장할지도 모릅니다. 따라서 교사는 신문을 보면서도 수업을 생각하고, 여행을 하면서도 수업을 생각해야 합니다. 교사 주변의 모든 것이 곧 수업 재료인 셈입니다.

　교사는 일상은 즐기되 그것을 수업과 연계시키려고 노력해야 합니다. 그렇기에 교사의 삶은 교사로서 여행하기, 교사로서 산책하기 등 '교사로서'의 삶입니다. 어찌 보면 수업은 자신의 삶을 학생들에게 투영하는 것일 수도 있습니다. 교사의 삶을 수업으로 투영할 수 있을 때 자신만의 수업을 완성할 수 있습니다. 교사의 삶과 유리되지 않는 수업이야말로 삶과 하나가 된 수업이라고 할 수 있습니다.

일상의 삶 속에서 수업과 관련이 있는 것을 찾아보세요. 저는 수학 시간에 분류를 가르칠 때 마트 전단지를 사용했습니다. 기왕이면 우리 동네 마트 전단지가 더 효과적이고, 수업하기 전날 온 마트 전단지이면 더 좋습니다. 현재의 삶과 가까우면 가까울수록 수업에 생동감이 넘칩니다. 삶과 연결된 수업에는 의미와 가치가 부여되고, 의미 있는 수업은 살아 있는 수업이 될 수 있습니다. 그러므로 교사는 삶 속에서 자신을 향상시키려고 부단히 노력해야 합니다. 책도 많이 읽어 교양도 기르고, 영화도 많이 보고, 여행도 많이 하여 경험도 쌓아야 합니다. 무엇보다 이런 교양과 경험을 어떻게 수업에 풀어낼지도 많이 고민해야 합니다.

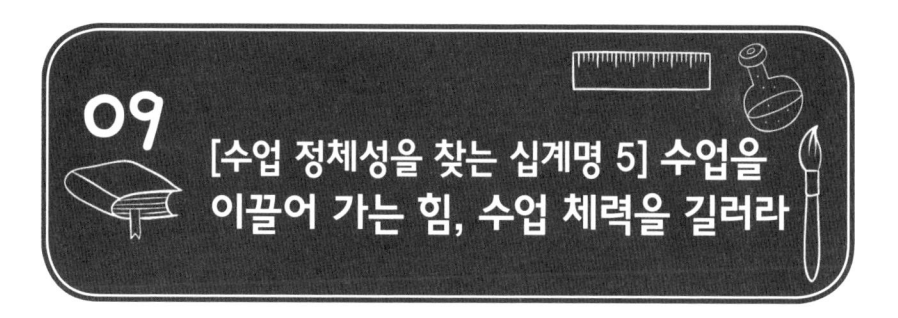

09 [수업 정체성을 찾는 십계명 5] 수업을 이끌어 가는 힘, 수업 체력을 길러라

교사는 수업을 참 많이 합니다. 하루에도 몇 시간씩 수업을 하고, 그렇게 또 1년을 반복합니다. 수업은 마치 교육 과정을 두고 마라톤을 하는 것과 같습니다. 마라톤을 완주하려면 거기에 맞는 체력이 필요하듯이 1년간 수업을 완주할 때도 거기에 맞는 체력이 필요합니다. 즉, 수업 체력이 필요한 것입니다.

"최 선생은 어쩜 그렇게 수업 아이디어가 많아?"

"어떻게 금방 수업을 뚝딱 만들어 내지?"

동일한 교과 내용으로 어떤 교사는 수업을 뚝딱 잘도 해냅니다. 학생들과 소통하며 자연스럽게 수업을 즉흥적으로 잘하는 교사도 있습니다. 이런 교사는 수업 체력이 강합니다.

육상경기에도 장거리 종목과 단거리 종목이 있듯이 수업 체력에도 여러 가지가 있습니다. 수업 내용을 빠르게 만들어 내는 능력, 1년치 수업을 잘 안배하여 적절히 진행하는 능력, 자신이 생각한 수업을 설계부터 완성까지 이끌어 가는 능력, 다양한 아이디어로 수업을 재미있게 진행하는 능력, 수업을 종합적으로 판단하여 쉴 때는 쉬고 공부할 때는 공부할 수 있도록 안배하는 능력, 수업을 재구성하는 기획력, 수업을 자기화하여 만드는 능력, 탁월한 안목으로 적합한 수업 소재를 고르는 능력 등이 모두 수업 체력입니다. 그리고 이 모든 능력을 사용하여 교사는 주어진 수업 환경에 맞춰 일관된 관점과 통찰력으로 수업을 이끌어 가야 합니다.

이런 수업 체력은 초등학교 교사에게 더 많이 요구됩니다. 초등학교 교사는 많은 과목을 수업하고, 수업 시수 또한 중·고등학교에 비해 더 많습니다. 순간순간 빠르게 판단해야 하고 돌발적인 상황도 많기에 수업 체력이 훨씬 더 필요합니다. 또 담임제의 특성상 학생들과 하루 종일 생활하기에 수업 체력 못지않게 신체 체력도 필요합니다.

> 좋은 교사는 수업 내용에 대한 깊이 있는 이해 속에서 수업 설계에 필요한 요소들을 선택적이고 통합적으로 조망할 수 있어야 한다. (『수업』, 이혁규)

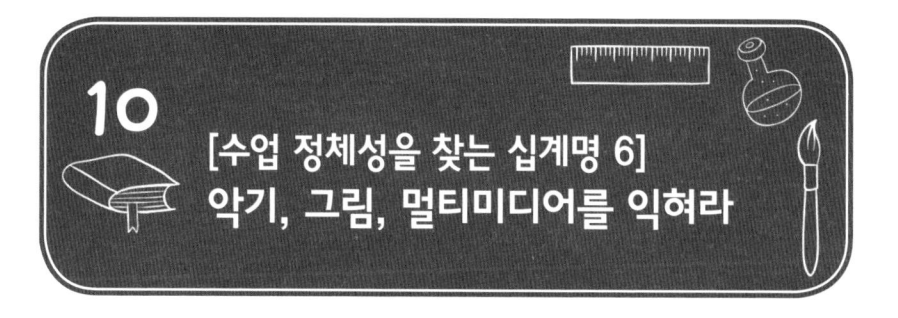

[수업 정체성을 찾는 십계명 6]
악기, 그림, 멀티미디어를 익혀라

　음악과 미술은 학생을 수업에 적극 참여하게 하고, 수업의 효과를 높일 수 있는 좋은 도구입니다. 교사가 악기 연주와 그림 그리기를 할 수 있다면 수업은 한층 더 풍부해지고, 학생의 수업 몰입도도 더 높아질 것입니다.

　수업 시간에 음악을 활용할 수 있는 경우는 무수히 많습니다. 교실 분위기를 좋게 하여 학생들과 친해지는 데 사용할 수 있고, 연관 있는 교육과정에 사용할 수도 있습니다. 그림을 잘 그리는 것도 교사에게는 큰 장점이 아닐 수 없습니다. 교사가 설명하면서 그리는 그림은 그 어떤 사진이나 동영상보다도 위력적입니다. 제가 악기를 다룰 줄 알고 그림을 잘 그릴 수 있었더라면 아마 지금보다 훨씬 더 풍부한 수업을 할 수 있었을지도 모릅니다. 그러나 저처럼 악기도 잘 연주하지 못하고 그림도 잘 그리지 못한다면 멀티미디어를 충분히 활용해 보세요. 때로는 잘 키운 동영상 하나가 수업에서 든든한 효자 노릇을 할 때도 있습니다. 음악과 미술 이외에도 춤과 연극 등 예술 영역에도 관심을 가지면 좋습니다. 특히 몸으로 표현하는 교육 연극에는 더욱더 많은 관심을 보여야 합니다.

곧 신규교사가 될 예정이거나 신규교사라면 악기와 그림 그리기를 꼭 배워 보세요. 또 연극 동아리에서 연극도 해 보세요. 교사가 직접 하는 음악과 미술, 연극은 수업에서 학생들의 호기심과 감성을 자극합니다. 교사가 예술적인 능력을 갖췄다면 수업은 더욱 풍성해질 것입니다. 교사의 수업 활용과 별개로 학생들이 직접 음악과 춤, 미술과 연극 등을 수업에서 표현할 수 있도록 수업을 설계하는 것도 좋습니다.

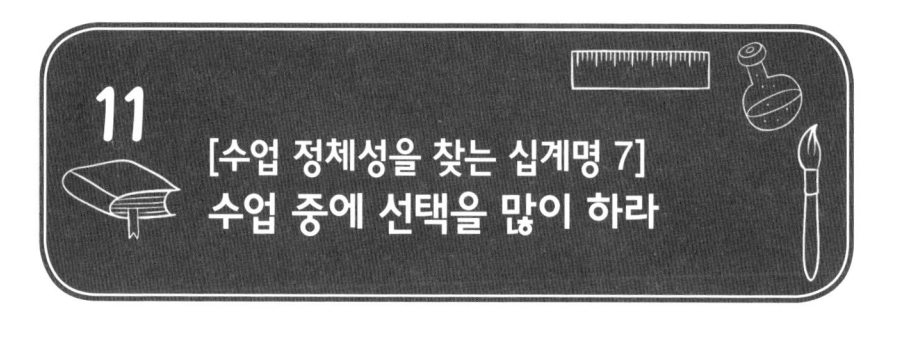

11

[수업 정체성을 찾는 십계명 7]
수업 중에 선택을 많이 하라

수업을 설계한다는 것은 결국 선택의 연속입니다. 자신의 생각이 반영된 수업은 더더욱 선택의 연속입니다. 수업의 소재, 내용, 자료 등을 선택하는 것에서 교사의 발문까지 항상 최상을 선택하려고 노력합니다.

한 차시의 수업 안에서도 때로는 중요한 선택을 하고, 때로는 사소한 선택을 합니다. '교실 형광등을 켤까 말까?', '책상은 어떻게 배열할까?' 등도 선택의 대상이고, 이런 선택도 수업에 많은 영향을 미칩니다. 교사의 선택은 필연적으로 고민을 불러오는데, 나름의 기준에 따라 선택합니다.

주어진 자료로만 하는 수업에는 선택의 과정이 없습니다. '클릭' 수업이나 '교과서' 위주의 수업에서 선택하는 과정이 적은 것은 당연합니다. 잘 짠 수업 모형을 개발하면 오히려 교사의 수업 연구를 방해할 수 있다는 것도 이런 이유에서입니다. 물론 선택 과정이 적은 수업은 그만큼 고민을 적게 했으니 수업 향상에 도움이 안 되겠지요. 선택의 경험은 교과를 보는 안목도 높여 줍니다. 성공적으로 수업을 하고 교사로서 성장하려면 수업에서 많은 선택의 경험이 필요합니다.

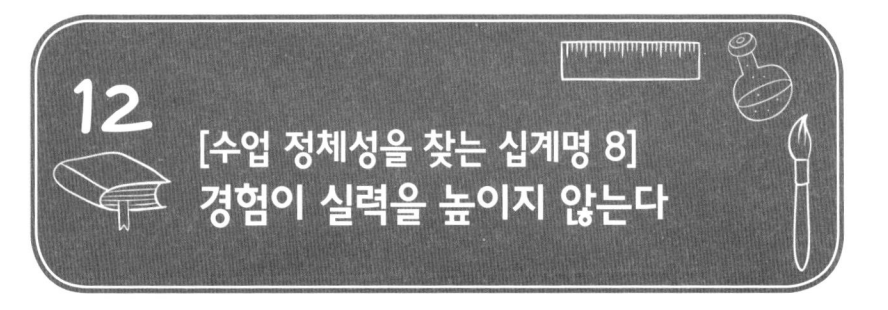

12
[수업 정체성을 찾는 십계명 8]
경험이 실력을 높이지 않는다

『무엇이 수업에 몰입하게 하는가』에서 데이브 버제스는 수업의 어려움을 호소하는 동료교사와 상담하던 중 자신을 엄청나게 격분하게 한 네 마디를 이야기합니다. "선생님한테는 쉽잖아요. 창의적인 분이니까요." 칭찬처럼 들리는 이 말에 왜 저자는 그토록 격분했을까요? 동료교사는 이 네 마디로 저자가 16년간 한 노력을 무색하게 만들었기 때문입니다. 지금의 모습은 16년간 수많은 실패와 노력을 거듭한 결과이지 결코 쉽게 얻은 것이 아닙니다.

나는 매력적이고 재미있으며 교육적으로도 알차고 학생들이 사랑해 마지않는 수업을 하기 위해 최선을 다해왔다. 이 일은 처음 시작했을 때도 쉽지 않고, 지난주에도 쉽지 않았으며, 다음 주에도 역시 쉽지 않을 것이다. 이 일은 노력을 쏟을 만한 가치가 있는 일이지, 애초부터 쉬운 일은 아니다. 누구라도 자신의 목표에 노력을 쏟아 붓고 마지막에 불을 끄고 문을 닫을 때까지 그 노력을 멈추지 않는다면 놀라운 일을 해낼 수 있다. 그러나 그 일이 '쉽지는' 않을 것이다. (『무엇이 수업에 몰입하게 하는가』, 데이브 버제스)

저 역시도 비슷한 경험을 한 적이 있습니다. 공개수업이 끝나고 수업협의회에서 "선생님은 원래 잘하잖아요."라는 말을 들은 것입니다. 그 이야기를 듣자 그간 했던 모든 노력이 사라지는 것처럼 허무했습니다. 이 세상에 '원래 잘하는 수업'은 없습니다. 전문가가 하는 일은 언제나 쉬워 보입니다. 그러나 그는 전문가가 되려고 그만큼 많은 노력을 했을 것입니다.

수업 고민을 하지 않은 채 다른 사람의 수업을 다운로드하여 수업하는 경우가 있습니다. 그렇게 한 수업은 잘되지도 않고, 자신의 실력도 늘지 않습니다. 어떤 사람은 경험이 쌓이면 좋은 수업을 할 수 있다고 하지만 제 생각은 다릅니다. 고민이 없는 경험은 요령이나 임기응변만 키웁니다. 경험이 많은 것과 실력이 있는 것은 다릅니다. 요령이나 임기응변이 많아진 것을 '실력'이 늘었다고 착각하면 안 됩니다. 고민 없는 경험은 일상의 하루에 그치고 마는 것입니다.

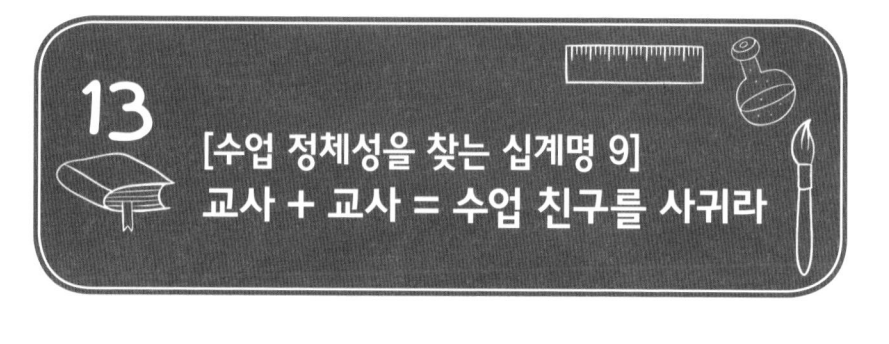

교실에서 수업을 하다 보면 어렵고 힘든 일이 참 많습니다. 수업을 할 때는 예측할 수 없는 돌발적인 일도 많이 일어나고, 뜻대로 되지 않아 좌절도 많이 합니다. 좋든 싫든 수업하는 1시간 동안은 교사가 오롯이 책임을 져야 합니다. 교사는 수업을 하면서 외로움을 느끼기도 하며, 괴롭다고 호소하기도 합니다. 그러나 교사의 이런 어려움을 해결해 줄 수 있을 정도로 학교에는 아직 시스템이 정착되지 않았습니다. 또 공개적으로 이야기를 나눌 만큼 문화도 성숙되지 못했습니다. 그래서 교사의 어려움을 함께해 주는 수업 친구야말로 소중한 존재입니다. 백아와 종자기에서 유래한 '지음(知音)'처럼 수업에서도 '지음지교(知音之交)'가 필요합니다. 학교에서 벌이는 수업 담론을 이 '지음'에서부터 시작하면 어떨까요.

수업 친구를 너무 어렵게 생각하는 경향이 있습니다. 수업 친구는 그렇게 어려운 친구가 아닙니다. 수업 친구는 상대를 이해하는 데서 출발합니다. 같이 연수를 들어 줄 수 있는 친구, 수업에 목표가 같은 친구, 영화를 보고 함께 수업 이야기를 할 수 있는 친구, 수업을 망쳤을 때 옆에서 위로해 줄 수 있는 친구가 다 수업 친구입니다. 꼭 공개수업에 나타나 좋은 이야기를 해야 수업 친구가 되는 것은 아닙니다. 오히려 친구를 배려해서 공개수업에 참석하지 않는 친구가 더 좋은 수업 친구일 수 있습니다.

지음(知音)

지기지우(知己之友)와 같은 뜻으로 쓰인다. 중국 춘추시대 거문고의 명수 백아(伯牙)와 그의 친구 종자기(鍾子期)와의 고사(故事)에서 비롯된 말이다.

《열자(列子)》〈탕문편(湯問篇)〉에 나오는 말인데, 백아가 거문고를 들고 높은 산에 오르고 싶은 마음으로 이것을 타면 종자기는 옆에서, "참으로 근사하다. 하늘을 찌를 듯한 산이 눈앞에 나타나 있구나"라고 말하였다. 또 백아가 흐르는 강물을 생각하며 거문고를 타면 종자기는 "기가 막히다. 유유히 흐르는 강물이 눈앞을 지나가는 것 같구나" 하고 감탄하였다. 종자기가 죽자 백아는 거문고를 부수고 줄을 끊은 다음 다시는 거문고를 타지 않았다고 한다. 이 세상에 다시는 자기 거문고 소리를 들려 줄 사람이 없다고 생각하였던 것이다. (『두산백과』)

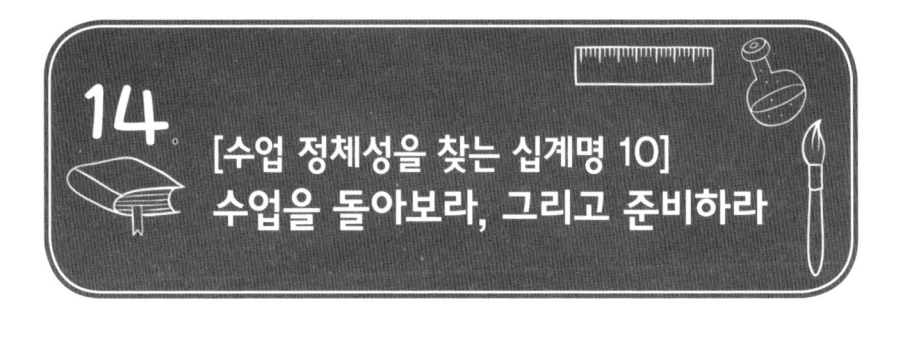

상호불여신호(相好不如身好)

신호불여심호(身好不如心好)

『백범일지』에 나오는 말입니다. 백범 김구 선생은 몰락한 양반 신분으로 과거시험을 보러 갔으나 과거시험장에서 부정이 난무하는 것을 보고 비관한 나머지 공부를 포기하기로 합니다. 그러자 아버지는 글은 읽을 줄 아니 밥벌이를 할 수 있는 풍수나 관상을 공부해 보라고 권합니다. 이에 김구 선생은 아버지의 권유에 따라 관상을 공부합니다.

아버님이 우선 마의상서 한 권을 빌려 주셔서 나는 독방에서 이것을 공부하였다. 관상서를 공부하는 방법은 먼저 거울로 자신의 상(相)을 보면서 부위와 개념을 익힌 다음, 다른 사람의 상으로 확대 적용해 나가는 것이 첩경이다. 나는 두문불출하고 석 달 동안이나 내 상을 관상학에 따라 면밀하게 관찰하였다. 그러나 어느 한 군데도 귀격, 부격의 좋은 상은 없고, 얼굴에 천격, 빈격, 흉격 밖에 없다. 과거장에서 얻은 비관에서 벗어나기 위해 관상서를 공부했는데 오히려 과거장 이상의 비관에 빠졌다. 짐승과 같이 살기 위해 산다면 모르지만 인간으로서 세상 살고 싶은 마음이 없어졌다. (『백범일지』, 김구)

스스로 배운 관상으로 자신의 얼굴을 살펴본 김구 선생은 크게 낙담합니다. 그러다 관상서에 실린 다음 문구를 보고 다시 희망을 얻었다고 합니다.

상호불여신호(相好不如身好) 상 좋은 것이 몸 좋은 것만 못하고
신호불여심호(身好不如心好) 몸 좋은 것이 마음 좋은 것만 못하다.
이것을 보고 나는 상 좋은 사람보다 마음 좋은 사람이 되어야겠다고 결심하였다. 이제부터 밖을 가꾸는 외적 수양에는 무관심하고 마음을 닦는 내적 수양에 힘써 사람 구실을 하겠다고 마음먹으니, 종전에 공부 잘하여 과거하고 벼슬하여 천한 신세에서 벗어나겠다는 생각은 순전히 허영이고 망상이요, 마음 좋은 사람으로 취할 바 아니라고 생각되었다. (『백범일지』, 김구)

교사도 자신의 수업을 스스로 돌아봐야 합니다. 그 방법으로 수업 성

찰이나 수업비평 등을 권하기도 하고, 심지어 수업을 전사하는 방법을 권하기도 합니다. 어느 것이든 자신의 수업 향상에 도움을 줄 수 있으면 됩니다. 저는 개인적으로 동영상 촬영을 선호합니다. 그러나 동료교사 대부분은 수업하는 모습을 촬영해 보라고 이야기를 하면 손사래부터 칩니다. 이것은 자연스러운 반응입니다. 자신의 수업을 보고 싶지 않아서가 아니라 연출된 자기 모습을 보기 싫어서입니다. 우리가 보는 대부분의 수업 동영상은 공개수업용으로 연출될 때가 많습니다. 연출된 동영상은 평소 수업에서는 하지 않을 모습들이 담겨 있기에 볼 필요가 없습니다. 교육부 웹사이트에 업로드해 놓은 우수 동영상을 보지 않는 것과 같은 이치입니다. 자신의 평상시 모습을 성찰하려면 평상시 모습을 담아야 합니다. 교사는 일상의 수업을 하는 사람이고 일상의 수업을 개선하려면 일상의 수업을 담아야 합니다.

그리고 무엇보다도 중요한 점은 수업을 하기 전에 미리 수업 준비를 해야 한다는 것입니다.

하기 싫음 관두든가?
= 하기실음관두등가(河己失音官頭登可)

제가 신규교사였을 때의 이야기입니다. 신규교사 때 저는 늘 투덜댔습니다. 이 일은 이래서 하기 싫고, 저 일은 저래서 하기 싫었습니다. 도무지 이해가 되지 않는 일이 너무도 많았습니다. 신규교사의 눈에 비친 학교는 너무 외적인 일에만 몰두하는 것처럼 보였습니다. 그런 조직에 있는 것이 너무나 싫었습니다. 많은 남자교사가 그러하듯 저에게도 항상 많은 일이 따라다녔습니다. 그래서 학교에 잘 적응하지 못했고, 전근 또한 잦았습니다. 한 지역에서 2년을 채우지 못한 채 이리저리 전근을 다녔습니다.

신규교사 때부터 지금까지 변하지 않은 생각이 하나 있습니다. 담임 선생님은 참 위대하다는 것입니다. 담임이라는 업무는 참 힘든 일입니다. 초등학교 교사라면 누구나 피해 갈 수 없는 담임 업무가 저에게는 큰 짐처럼 느껴졌습니다. 여차여차해서 담임을 피하면 이번에는 체육 전담이라는 업무 폭탄이 떨어졌습니다. 그때마다 저는 '투덜이 교사'가 되었고, '하기 싫다'는 말과 '관두겠다'는 말을 입에 달고 다녔습니다. 저야말로 '교사가 된 것을 후회한다'를 몸소 실천한 장본인이었던 셈입니다.

이렇게 늘 투덜이처럼 투덜대는 저에게 한 선배교사가 이런 말을 했습니다. "하기 싫음 관두든가?" 순간 제 귀를 의심했습니다. 분명 제 귀에는 이렇게 들렸습니다. 늘 따뜻하게 위로해 주던 선배였는데, 이렇게 말하다니 서운한 마음이 들었습니다. 그런 저에게 선배교사는 신문 기사에서 읽었다며 한자로 써서 다시 자세하게 설명해 주었습니다.

河己失音官頭登可(하기실음관두등가)
물 흐르듯이 아무 소리 말고 열심히 일하다 보면 높은 자리에 오를 수 있다.

아무 소리 말고 열심히 일해서 관리자가 되라는 말이었습니다. 그리고 승진을 하려면 아무 소리도 해서는 안 된다는 말씀도 덧붙였습니다. 저는 지금 하기 싫어서 그만두지도, '河己失音官頭登可(하기실음관두등가)'도 못하고 있습니다. 교사가 자기 소신대로 이야기해도 높은 자리에 오를 수 있는 그런 시기가 왔으면 좋겠습니다. 하기득음관두등가(河己得音官頭登可)로 바뀔 그날이 빨리 왔으면 좋겠습니다.

나는 수업하러
학교에 간다

6부

콘텐츠가 있는 교사,
플랫폼이 되는 학교

수업에 안목을 기르는 것은 매우 중요합니다. 주위를 둘러보면 수업에서 맥락을 잘 짚어 적재적소에 적절한 자료를 투입하여 수업하는 교사가 있습니다. 그 교사의 높은 수업 안목에 감탄을 금치 못합니다. 그렇다면 수업 안목이란 무엇일까요?

> 수업에 대한 안목은 국어(교과) 교육의 본질 또는 특성에 대한 이해를 바탕으로, 어떤 수업이 국어(교과) 교육의 철학이나 목적에 부합하는지, 가르치는 내용이나 방법이 적절한지 등을 분석, 비판할 수 있는 눈을 말한다. (『초등 국어과 교수·학습 방법』, 신헌재 외)

수업 안목은 교과 지식과 일반적인 수업 지식, 교과 수업의 특성 지식 등을 모두 말합니다. 이것이 서로 조화를 이룰 때 수업에 안목이 높다고 말할 수 있을 것입니다. 안목이란 이렇게 수업을 꿰뚫어 보는 통찰력과 같습니다. 즉, 수업과 교과에 눈뜨는 것을 말합니다. 우연한 기회에 우리나라에서 가장 좋은 대학교의 영어교육과에 다니는 대학생과 이야기를 나눴습니다. 그는 제가 수석교사라고 하자 수석교사가 무엇인지 궁금해 했습니다. 수석교사가 어떤 일을 하는지 이야기해 주자 자신의 교수도 수석교사에게 강의컨설팅을 좀 받았으면 좋겠다고 말했습니다. 수업이 너무 재미없다는 것이었습니다. 교수를 직접 만난 것은 아니지만, 교과 지식은 풍부한 반면에 수업 안목은 조금 부족하지 않나 하고 추측해 볼 수는 있습니다. 『초등 국어과 교수·학습 방법』에서는 이렇게 이야기합니다. "(국어) 수업에 대해 올바른 관점을 견지하고 있고, (국어) 교육의 내용이나 방법에 대한 지식을 충분하게 이해하여, 이것을 수업 현장에서 제대로 구현할 수 있을 때, 우리는 그 교사가 (국어) 교육에 대한 안목을 가지고 있다고 말할 수 있다."

우리는 수업에서 안목을 높이기가 쉽지 않다는 것을 경험으로 압니다. 단순히 경험이 많다고 저절로 생기는 것도 아닙니다. 천재성을 이야기할 때 흔히 피아니스트를 이야기합니다. 음악을 많이 듣는다고 피아니스트가 되지는 않습니다. 음악을 많이 들으면 도움은 되겠지만 기본적으로 피아노 치는 연습을 많이 해야 합니다. 몸으로 체득할 때 비로소 수업에 감과 촉이 생겨 자신만의 안목을 기를 수 있는 것입니다. 교사에게 감과 촉은 곧 수업 안목입니다. 지식과 고민과 경험이 어우러질 때 비로소 좋은 수업을 할 수 있습니다.

02 적자생존, 기록을 남겨라

여기서 '적자생존'은 우리가 알고 있는 그 의미가 아닙니다. '적는 자가 살아남는다'는 의미로, 기록의 중요성을 재미있게 표현한 말입니다. 『교사는 어떻게 단련되는가』에서 아리타 가츠미사는 기록의 중요성을 다음과 같이 밝힙니다.

내가 얼마든지 '나만의 수업'을 만들어 낼 수 있었던 것은 글을 쓸 기회가 많아서였다. (중략) 지금도 글을 쓰면서 나만의 수업을 계속해서 만들어 내고 있다. 젊은 교사들이 계속해서 쓰는 것은 바람직하고, 될 수 있는 대로 응원해 주고 싶다. 아무쪼록 쓰고 또 쓰고 계속해서 쓰기를 바란다.

저 역시 글을 쓰고부터 수업이 달라지는 것을 느꼈습니다. 수업에 관한 모든 것을 가능하면 기록으로 남기려고 노력했습니다. 짧게라도 지도안을 매 차시마다 썼습니다. 일과 중에 시간이 부족하면 토요일에 출근해서 기록했습니다. 컴퓨터에 학년별, 주제별, 차시별 폴더를 만들어 그 안에 모든 차시 수업을 담아 두었습니다. 지도안뿐만 아니라 수업에 사용한 동영상, 파워포인트 자료, 수업을 설계할 때 참고한 자료까지 모두 폴더에 담았습니다. 수업하는 모습을 동영상으로 촬영하여 그 동영상까지도 남겨 놓았습니다. 수업성찰도 지도안에 빨간색으로 기록하여 다음 수업에 참고할 수 있도록 했습니다. 과목별, 차시별로 만든 폴더 안에는 수업 준비부터 수업하는 모습과 수업에 활용한 자료, 수업 후 성찰까지 모든 과정이 기록으로 남아 있는 것입니다.

기록은 차시 수업에만 국한되지 않았습니다. 수업에는 아직 활용하지 않았지만, 언젠가는 수업에 활용할 수도 있는 자료 또한 종류별로 분류하여 별도의 폴더에 저장해 두었습니다. 음악 자료는 음악 자료대로, 동영상은 동영상대로 폴더를 만들어 언제 있을지 모르는 다음 수업에 대비한 것입니다. 그렇게 차곡차곡 쌓아 둔 기록들과 수업 자료는 다음 수업의 아이디어로 활용했습니다. 기억에 의존하지 않고 기록에 의지한 것입니다.

기록이 좋은 점은 또 다른 콘텐츠로 나아가게 하는 통로 역할을 한다는 것입니다. 자료를 기록하고 모으고 분류하다 보면 그 자료들이 서로 연결되어 또 다른 수업을 만들 수 있습니다. 결국 기록을 한다는 것은 자신의 콘텐츠 창고를 만드는 일이었습니다. 공개수업을 할 때 지도안을 메신저로 많이 보내는데, 그런 자료도 버리지 않고 단원별, 주제별로 모아 둡니다. 다른 수업자의 고민이 담긴 소중한 수업 자료이기 때문입니다. 요즘 빅데이터를 많이 이야기합니다. 저에게는 이렇게 모은 자료와 다른 사람의 자료가 바로 빅데이터인 셈입니다.

바쁜데 어떻게 일일이 기록하느냐며 불평하는 사람도 있습니다. 여러 번 이야기했지만, 초등학교 교사는 정말 하는 일이 많습니다. 저 또한 바쁜 일과 중에 수업을 기록한다는 것이 가능할지 의심을 했습니다. 그래서 처음에는 가능성을 실험해 보고 수업 준비도 할 겸 일주일에 한 번씩 모이는 동학년 교재연구회를 만들어 여기서 논의한 사항을 모두 기록으로 남겨 공유했습니다. 수업하기 일주일 전에 모여 수업 의논을 하는 모임이었습니다. 이 모임의 핵심은 기록이었는데, 기록하는 일에 그렇게 많은 시간이 필요하지 않다는 것을 알게 되었습니다. 하루 30분 정도면 충분했습니다. 그러나 안타깝게도 그마저도 시작할 시간적 여유가 없는 것이 현실입니다. '자기 수업을 찾는 가장 빠른 길은 기록을 남기는 것입니다.'

03 패스트푸드 수업도 필요하다

앞서 수업을 마라톤에 비유했습니다. 매일매일 수업을 해야 하는 교사는 모든 수업을 다 잘할 수 없습니다. 수업을 준비하는 교사의 환경은 매우 다양합니다. 시간적인 여유가 충분할 때도 있고 그렇지 못할 때도 있습니다. 급하게 수업을 준비할 때도 있고, 아예 준비 없이 수업할 때도 있습니다. 그러나 수업 준비를 못했다고 해서 수업을 대충할 수는 없습니다. 어느 정도 수업의 질은 유지해야 합니다. 저는 준비를 잘하지 못한 수업인데도 어느 정도 질이 유지되는 수업을 '패스트푸드 수업'이라고 부릅니다.

패스트푸드는 간단하게 끼니를 때울 수 있는 음식입니다. 영양소도 어느 정도 갖췄고, 맛도 좋습니다. 무엇보다도 빨리 먹을 수 있다는 장점이 있습니다. 수업에서도 패스트푸드와 같은 접근이 필요합니다. 교사의 수업 환경에 따라 패스트푸드처럼 그런대로 맛도 있고 영양가도 있으면서 한 끼 식사로 빠르게 때울 수 있는 수업이 필요합니다.

초등학교 교사에게는 특히 패스트푸드 수업이 필요합니다. 모든 교과목을 가르쳐야 하고 예측 불가능한 일이 많이 발생하기 때문입니다. 패스트푸드 수업이야말로 수업 체력이 필요한 수업입니다. 수업에 감과 촉도 있어야 하고 순간적인 순발력도 필요합니다. 즉흥성도 발휘해야 가능한 수업이 패스트푸드 수업입니다. 패스트푸드 수업과 아무 준비도 없이 하는 하루살이 수업은 다릅니다.

지금까지 학교에서 벌이는 수업 담론은 충분한 시간을 두고 준비하는 '슬로푸드 수업' 중심이었습니다. 공개수업, 수업장학, 수업성찰 등은 모두 '슬로푸드 수업' 중심의 수업 담론입니다. 이런 수업 담론은 교사의 수업 환경과 현실을 도외시한 것입니다. 마치 마라톤 선수에게 100미터 달리기를 연습하라는 것과 같습니다. 실제 교사의 수업 환경을 살펴보면, '슬로푸드 수업'보다는 '패스트푸드 수업'에 훨씬 더 가깝습니다. 실제 수업도 '패스트푸드 수업'이 훨씬 더 많을 것입니다. 이제는 교사의 이런 수업 환경을 인정하고 '패스트푸드 수업'의 질을 높일 수 있도록 수업의 담론을 옮겨야 할 때입니다.

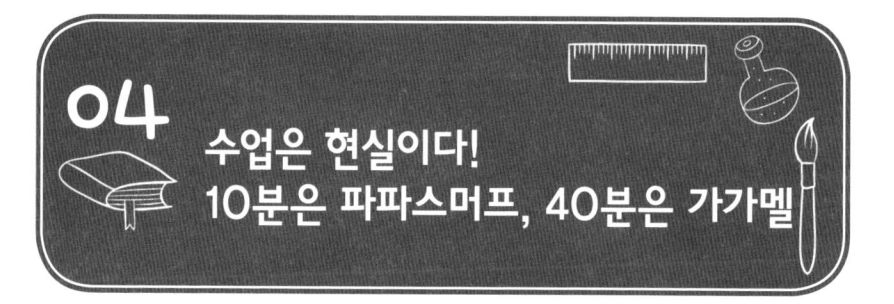

04 수업은 현실이다!
10분은 파파스머프, 40분은 가가멜

　학창 시절에 '10분은 파파스머프, 40분은 가가멜'이라는 다소 긴 별명이 붙은 선생님이 있었습니다. 그런데 이 선생님의 별명 변천사가 참 재미있습니다. 선생님은 친구 같은 교사가 꿈이어서 그것을 실현하려고 노력했습니다. 쉬는 시간 10분 동안 최선을 다해 학생들과 함께 놀았고, 수업 시간 40분도 친구같이 학생들을 대했습니다. 처음에는 별명이 '파파스머프'였습니다. 그런데 학생들은 쉬는 시간 10분뿐만 아니라, 수업 시간도 쉬는 시간처럼 선생님을 대하는 것이었습니다. 그러자 수업 시간과 쉬는 시간의 경계가 없어져 나중에는 수업 시간이 쉬는 시간처럼 변하여 더는 수업을 할 수 없는 지경까지 이르렀습니다. 선생님은 수업 시간만큼은 바로 잡아야겠다고 생각해서 수업 시간에는 엄해지기로 마음을 먹었습니다. 그러나 한번 달콤한 맛을 본 학생들은 선생님의 말을 잘 듣지 않았습니다. 선생님의 짜증은 점점 늘어만 갔습니다. 그러자 학생들은 '쉬는 시간 10분은 파파스머프, 수업 시간 40분은 가가멜'로 별명을 바꿔 불렀습니다. 한번 경계가 무너진 학생들이기에 어떻게 손을 써 볼 도리가 없었고, 급기야 친구처럼 대하겠다는 처음 생각은 사라지고 말았습니다. 결국 학생들은 선생님을 그냥 '가가멜'로 불렀습니다. 처음에는 '파파스머프'로 출발했지만, 마지막에는 그냥 '가가멜'이 되고 말았습니다. 현실을 고려하지 않고 이상적인 생각에만 사로잡히면 '10분의 파파스머프'마저도 '가가멜'로 바뀝니다.

수업은 현실입니다. 학생 중심 수업이 좋을 수도 있고, 때로는 강의식 수업이 더 좋을 수도 있습니다. 이상적인 교실 환경은 없습니다. 현실에 맞게 교사가 환경을 조성해야 합니다. 가끔 이상적인 수업만 생각하고 현실을 고려하지 않다가 경계가 무너져 힘겨워 할 때가 있습니다. 이상적인 수업은 교사의 지향점이 될 수 있으나 현실을 대신할 수는 없습니다. 많은 학생이 한 교실에서 생활하는 현실에서, 최고의 선택보다 덜 좋은 것을 선택하는 지혜가 필요할 수도 있습니다. 신규교사가 스티커를 비롯한 외적 보상을 어떻게 생각하느냐고 질문한 적이 있습니다. 아마 스티커가 물질적 보상이라는 것이 마음에 걸린 모양입니다. 내적 보상이 외적 보상보다 더 낫다는 사실을 누구나 잘 압니다. 그러나 현실은 외적 보상도 적절히 사용해야 한다는 것입니다. 교사는 이런 사정을 잘 알고 외적 보상으로 일어나는 부작용을 최소화하려고 노력하면 됩니다.

수업을 전투에 비유하는 사람도 있습니다. 가장 하기 싫은 일을 하도록 시키는 사람과 가장 하기 싫은 일을 해야만 하는 사람의 이야기가 수업이기 때문입니다. 이 얼마나 고통스러운 현실입니까? 그 어려운 일을 하는 사람이 바로 교사입니다. 교사는 매일매일 전투를 하고 있습니다. 전투에서는 임기응변도 필요하고, 때에 따라서는 극약 처방도 필요합니다. 상황도 빨리 판단할 줄 알아야 하고 적군의 심리도 파악해야 합니다. 때로는 자신의 수업관이나 가치관과 맞지 않는 일도 해야 합니다. 현실 앞에서 '하기 싫은 것'은 하지 않고 '좋아하는 것'만 할 때가 있는데, 이는 한쪽으로 치우친 수업을 하는 것입니다. 학생들과 경계를 세우듯 우리 자신과도 경계를 세워야 합니다. 너무 이상향에만 사로잡혀 수업에서 현실을 도외시한다면 수업 경계는 무너지고 맙니다. 경계가 무너지면 수업도 같이 무너집니다.

05 수업에 콘텐츠를 담아라

『비즈니스 인문학』(조승연)에서는 중세기 후반 이탈리아에는 갑옷을 만들거나 천을 짜거나 약을 짓는 등의 일을 하는 각 분야의 전문가가 많았다고 소개합니다.

그런데 이런 전문가들의 돈벌이가 좋다 보니 농민들이 도시로 이주하면서 사람이 너무 많아지자, 같은 전문직에 종사하는 사람들끼리 '직조공협회' 등을 만들어 협회 회원만 가게를 열 수 있도록 엄격하게 법을 제정해서 전문직 종사자 수를 제한하고 상품 품질도 보호했다고 합니다. 또 협회가 인정한 회사에서 6년간 수습 기간을 거쳐야 비로소 독창적인 작품을 만들 수 있는 회원 자격을 부여했다고 합니다. 그것만으로는 부족해 이들은 전 유럽을 돌며 같은 분야에서 가장 이름난 스승들을 찾아가 몇 년씩 배웠다고 합니다. 그 몇 년의 기간을 '여행 기간

(Journeymanship)'이라고 부르는데, 이 기간이 지나면 자신만의 독창적인 작품을 만들 수 있는 자격이 주어졌고, '조합(Arte)의 멤버'라는 뜻의 아티스트(Artist) 타이틀을 쓸 수 있었다고 합니다.

또 책에서는 세계적인 기업가들이 어떻게 그 분야의 전문가로서 '감'을 찾았는지도 설명합니다.

> 스페인 출신 패션디자이너 발렌시아가는 세탁소를 운영하는 어머니 밑에서 10대가 되기 전부터 바느질을 배워 명품 옷을 만들 수 있었다. 이탈리아 최고의 와인회사 중 하나인 '프레스코발디' 가문은, 와인 생산 교육을 3살 때 아버지와 같이 와인통을 만들 목재의 냄새를 맡는 것에서 시작되었다고 말한다. 스티브 잡스는 어렸을 때부터 실리콘밸리에서 살며 수많은 테크놀로지 회사 간부들의 말을 들었고, 자기도 십대부터 사업의 성공과 실패를 경험하며 벤처 '아티스트'가 되었다. (중략)
> 뉴욕 '플랫아이언 벤처'의 투자자로 일하던 시절 제프 콜로나는 "대부분의 벤처 사업가는 4번 망해본 다음에 성공한다."라고 말했으며, 유럽 최고의 에너지 회사 로열 더치 셸의 창의성 부서 '게임체인저'는 "기름 없는 곳에 드릴을 박아라"라고 가르친다.

우리는 교사로서 자기 수업의 '감'을 찾아가는 긴 여행을 하고 있는지도 모릅니다. 다소 감성적인 측면이 있지만, 저는 수업 연구를 하면 할수록 이런 생각이 듭니다. 공개수업 후에 들은 가장 기분 좋은 말에는 '최무연다운', '최무연만이 할 수 있는 수업이다' 등 모두 '최무연' 이름이 들어 있었습니다. 어쩌면 자신의 이름을 붙여 주는 수업은 교사에게 최고의 영예가 아닐까 합니다.

자신의 수업을 찾아 떠나는 여행은 길지도 모릅니다. 그리고 어쩌면 그곳에 도착하지 못할 수도 있습니다. 늘 앞에 서 있는 어렵고 여의치 않은 현실의 벽 때문에 힘들기도 할 것입니다. 그래도 교사이기에 교사로서 자존심을 세우고 중세의 도제가 자신만의 기술을 연마하려고 여행을 떠났듯 자신의 수업을 찾는 여행을 떠나 봅시다.

06 교육 과정 재구성, 그 맛에 중독되라

주변에서 교육 과정을 재구성하여 수업하는 교사를 종종 만납니다. 자발적으로 교육 과정을 재구성하는 교사들은 어떤 계기로 시작했든 한 번 이것에 빠지면 잘 헤어나지 못합니다. 매년 교육 과정을 재구성하여 수업합니다.

교육 과정을 재구성하는 일이 만만치 않음에도 계속하는 이유는 무엇일까요? 같은 지역에 있는 교육 과정을 재구성하는 교사를 만나 그 이유를 물어보았습니다. 그 교사는 학년이 바뀌어도, 학교가 바뀌어도 매년 어김없이 교육 과정을 재구성합니다. 그 교사의 이야기를 들으면서 어느 정도 해답을 얻을 수 있었는데, 이유를 정리하면 다음과 같습니다.

첫째, 교육 과정을 재구성하는 것에서 '의미'를 발견할 수 있습니다.

그 교사는 교육 과정을 재구성하는 일을 가리켜 '의미 있는 개고생'이라고 표현했습니다. '개고생'이라는 말에서 이것이 얼마나 힘든 일인지 미루어 짐작할 수 있습니다. 그러나 그 '힘듦'을 '의미'가 상쇄시켜 준다고 합니다. 자신이 하는 일에서 '의미'를 발견했기에 힘들지만 그 일을 계속할 수 있었던 것입니다.

둘째, 자신만의 수업을 한다는 자부심이 있습니다.

교육 과정을 재구성하는 교사는 자신만의 수업을 만들어 간다는 자부심이 있었습니다. 자신만의 수업이 있다는 것에 묘한 중독을 느낀다고 말합니다. 왠지 하지 않으면 안 될 것 같은 사명감마저 느낍니다.

셋째, 새로운 것을 창조한다는 생각이 강합니다.

교육 과정을 재구성하는 일은 창의력과 함께 교육 과정을 설계하는 기획력을 요구합니다. 그리고 그것을 실천할 수 있는 능력도 요구합니다. 특히 요즘은 수업에서 기획력을 많이 요구합니다. 교육 과정을 어떻게 기획하느냐가 재구성의 핵심 요소가 됩니다. 이런 기획력을 바탕으로 자신만의 프로젝트를 만들었을 때 교사는 거기서 희열을 느낍니다. '새로운 것을 해냈다'는 뿌듯함을 말이죠.

넷째, 교사로서 살아 있다고 느낍니다.

새로운 무언가를 만들어 가는 과정에서 도전 의식을 강하게 느낍니다. 그리고 그것을 완수했을 때는 커다란 성취감을 느꼈다고 합니다. 이것은 자기만족감과 자기효능감으로 이어집니다.

교육 과정의 재구성은 자신의 수업을 만드는 과정입니다. 이것이 자신의 수업을 찾아가는 여행의 최종 목적지가 아닐까 생각합니다. 교육 과정의 재구성은 수업 안목, 수업 체력, 수업 설계를 이끌어 가는 힘뿐만 아니라 재해석하는 능력까지 수업의 종합예술이자 수업 정체성의 결정체라고 할 수 있습니다.

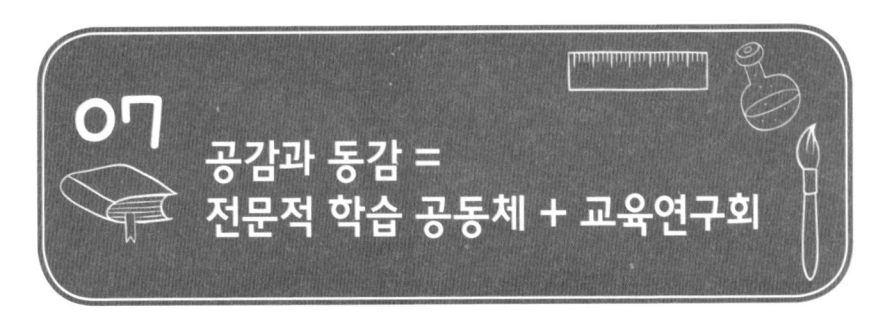

07 공감과 동감 =
전문적 학습 공동체 + 교육연구회

전문적 학습 공동체

　드라마에서 의사들이 모여 환자를 이야기하고 세미나를 하는 모습을 볼 때마다 학교에도 저런 문화가 정착되면 얼마나 좋을까 생각했었습니다. 그래서 수석교사가 되자 이런 형태를 흉내 내기로 하고 무작정 모임을 만들었습니다. 그렇게 모인 인원이 5명이었습니다. 매일 아침과 저녁에 2회에 걸쳐 시간이 되는 사람만 모여 자유롭게 다음 날 있을 수업을 준비하기로 했습니다. 모임은 철저하게 자율로 운영하기로 했습니다. 모임의 정식 이름은 없습니다. 그저 수업 준비를 같이 하는 사람들이 모이는 것입니다. 이렇게 '전문적 학습 공동체'라는 개념도 없이 시작했습니다. 그렇게 1년을 보낸 후 전년도의 경험을 되살려 조금 구체적으로 모이기로 했습니다. 모임의 이름도 정하고, 참가 희망자도 교내 전체로 확대했습니다. 또 구성원의 의견을 반영하여 한 달에 한 번 주제를 정하여 집중적으로 이야기하기로 했습니다.

역시 이번에도 참가자의 의사에 따라 자율적으로 운영한다는 원칙을 그대로 적용했습니다. 시간이 없어서 모임에 나오지 못하더라도 미안해하지 않기로 했습니다. 의무적으로 참가하거나 미안해하는 마음이 있으면 오래 유지할 수 없기 때문입니다. 매일 아침저녁으로 운영했지만, 한 명만 모일 때도 있었고 한 명도 없을 때도 있었습니다. 그러나 이 모임은 1년 동안 꾸준히 유지되었습니다. 이 모임의 이름은 '매매수(매일매일 수업을 연구하는 모임)'이었습니다. 그리고 이 '매매수'는 다음 해에는 더 발전할 것이라고 믿었습니다.

그다음 해 경기도교육청에서는 전문적 학습 공동체를 활성화하고 장려하는 정책을 폈습니다. 모든 학교에 의무적으로 참석하게 했고, 학교 평가에도 전문적 학습 공동체가 평가 항목에 있었습니다. 모든 교사가 전문적 학습 공동체에 참가해야 했습니다. 이렇게 되자 '매매수' 운영에도 변화가 왔습니다.

먼저 운영에서 자율의 원칙보다는 의무 사항이 많이 추가되었습니다. 전문적 학습 공동체에는 기준 시간과 운영 방법 등 운영 규정이 있었는데, 매매수도 이 규정에 따라 운영해야 했습니다. 회원은 점점 늘어났지만, 의무적으로 참가하는 구성원이 많았습니다. 겉으로 보기에는 체계적으로 운영하는 것처럼 보였습니다. 그러나 '매매수' 특유의 활력이 사라지면서 적극적인 모습도 함께 사라졌습니다. 의무적으로 정해진 날짜에 모여 정해진 것만 함께하고 끝났습니다. 전문적 학습 공동체의 핵심 가치인 자율적인 공동체 운영이 무너진 것입니다. 생각이 다른 사람들이 모였기에 공동의 목표도 흐지부지되고 말았습니다. 사정이 있어 참석하지 못하면 미안해하지 말자고 했는데, 학점화로 바뀌다 보니 정한 시간에 꼭 참석해야 하고 못 오는 사람은 미안해야 했습니다.

전문적 학습 공동체를 몇 년간 운영하면서 느낀 점이 있습니다. 교사들은 직무 연수 이수 시간이나 학교 평가 등 점수를 원하는 것이 아닙니다. 공동의 목표하에 짧게라도 모여 이야기할 수 있는 활동 시간을 보장받고 자율적으로 운영하기를 원합니다. 전문적 학습 공동체에 '의무 참여자'가 단 한 명만 있어도 그 활동은 성공할 수 없습니다. 그 모임의 목적과 과정에 모두 찬성해야만 성공할 수 있습니다. 전문적 학습 공동체의 생명은 목적과 생각이 같은 사람이 모여 자율적으로 의사결정을 하는 것입니다.

교육연구회

자신만의 수업을 찾으려면 어디서부터 어떻게 시작해야 할까요? 무언가를 시작하려고 출발선상에 서는 일은 막막합니다. 저 역시도 혼자 수업을 고민만 했었지 정작 어떻게 시작해야 할지 몰랐습니다. 그러던 중 우연히 교육연구회를 알게 되었고, 그렇게 시작한 교육연구회 활동은 막막했던 수업 찾기 여행의 이정표가 되어 주었습니다. 주위를 잘 둘러보면 겉으로 드러나지 않지만 활발하게 활동하고 있는 교과연구회나 교사 모임이 많습니다. 교육연구회나 교사 모임에 가입하여 활동하면 수업 향상에 많은 도움을 받을 수 있습니다. 자신의 성격에 맞는 교육연구회를 찾아가 문을 두드려 보세요.

첫째, 교내연구회 활동하기

관심이 같은 사람끼리 교내연구회를 조직하여 운영해 보세요. 일종의 프로젝트 그룹과 성격이 같습니다. 전문적 학습 공동체가 주로 동학년 중심의 모임이라면, 교내연구회는 일정한 주제를 연구하는 주제 중심의 프로젝트 그룹입니다. 특정 프로젝트를 수행한다는 측면에서 전문적 학습 공동체, 교사 모임과는 차별화됩니다. 미술이나 음악처럼 특정 분야의 기능을 향상시키는 모임이나 동호회와도 성격이 다릅니다. 교육 과정 재구성 연구 모임이나 프로젝트 학습 연구 모임 등이 좋은 예일 것입니다.

저는 몇 년 전에 근무하던 초등학교에서 '00초 사회과 시뮬레이션 수업연구회'를 만들어 활동했습니다. 사회과 정치 수업은 참 어렵습니다. 가르치는 교사도 어렵고 배우는 학생도 어렵습니다. 이것을 어떻게 해결할 수 있을까 고민하다 찾아낸 것이 바로 시뮬레이션 수업이었습니다. 교실을 하나의 나라로 만들어 가능한 현실과 비슷한 조건으로 운영하면서 학생들이 정치를 체험하며 배울 수 있는 수업을 개발하기로 했습니다. 젊은 교사 2명과 부장교사, 저까지 총 4명이 모여 사회과 시뮬레이션 수업연구회를 조직했습니다. 6개월간 수업 방법과 자료를 개발하고 교과를 재구성했습니다. 수업에는 6개월 정도 직접 적용했으며, 마지막 6개월은 우리가 한 것을 보고서로 정리했습니다. 책으로 출간하고 싶었으나 그다지 시장성이 없었는지 출간까지는 할 수 없었습니다. 이 점은 아쉬움으로 남습니다.

직접 교내연구회 모임을 운영한 것은 소중한 경험이었습니다. 수업 방법은 물론, 교육 과정을 재구성하여 수업에 적용하고 보고서를 작성하는 등 종합적으로 프로젝트를 수행하는 경험을 할 수 있었습니다. 무엇보다도 순수한 연구 모임이라 더욱 보람이 있었습니다. 그리고 진짜 교사가되는 듯한 느낌을 받았습니다. 주말까지 할애하여 수업을 개발했는데, 힘들다는 생각보다는 교사의 본업을 하는 것 같아 마음이 뿌듯했습니다.

둘째, 지역연구회 활동하기

다음으로 지역연구회 활동이 있습니다. 지역연구회는 같은 지역에서 활동하는 교사연구회를 말합니다. 지역 단위에서 일정한 주제를 정해 공부하거나 세미나를 열거나 교사 연수를 개최합니다. 저도 초등수업사랑고양교육연구회에서 활동하고 있습니다. '수업과 정면승부하기 팍!팍!'이라는 주제로 고양시에서 활동하는 연구회입니다. 이 연구회의 목적은 공개적으로 수업을 논의하는 장을 마련하고, 수업 불문율을 깨 보자는 것입니다.

경기도교육연수원에서는 지역연구회가 일정 기준을 만족하면 위탁 연수 공모를 받아 선발된 연구회에 경기도교육연수원 연수를 위탁하여 운영하게 합니다. 이 연구회도 위탁연수연구회로 지정을 받아 매 학기 방학동안 수업 연수를 운영했습니다. 처음에는 수업 연수를 그것도 방학에 오프라인으로 하는데 사람들이 모이겠냐며 회의를 품었으나, 막상 연수생 모집을 시작한 지 하루 만에 마감되었습니다. 겨울방학 연수 때는 30명 수강 인원에 80명 이상이 신청하여 3대 1 정도의 경쟁률을 보였습니다.

연구회 활동을 하면서 교사들이 얼마큼 수업에 갈증을 느끼는지 알 수 있었습니다. 아마도 교사들은 수업 앞에 붙는 'OO 수업'보다는 우리가 하는 '그냥 수업'을 더 만나고 싶었던 것 같습니다.

아리스토텔레스는 "어떤 훌륭한 지도자가 나타나서 정의를 실현할 능력 있는 국가를 만들어 줄 것이라고 바라지 말라. 이것은 헛된 기대일 뿐이다. 훌륭한 국가를 만드는 것은 시민이다. 공화국 주권자라는 사실에 대통령이 된 것과 똑같은 무게의 자부심을 느끼는 시민, 존엄한 존재로서 자기에게 주어진 권리와 의무가 무엇인지 잘 아는 시민, 자신의 삶을 스스로 설계하고 책임지면서 공동체의 선을 이루려고 타인과 연대하고 행동할 줄 아는 시민, 깨어 있는 시민들이 훌륭한 국가를 만든다."라고 했습니다.

이런 정신을 가장 잘 실천하는 것이 교육연구회가 아닐까 생각합니다. 자기 계발에 열심인 교사들과 함께한다는 것만으로도 교사는 큰 힘을 얻습니다.

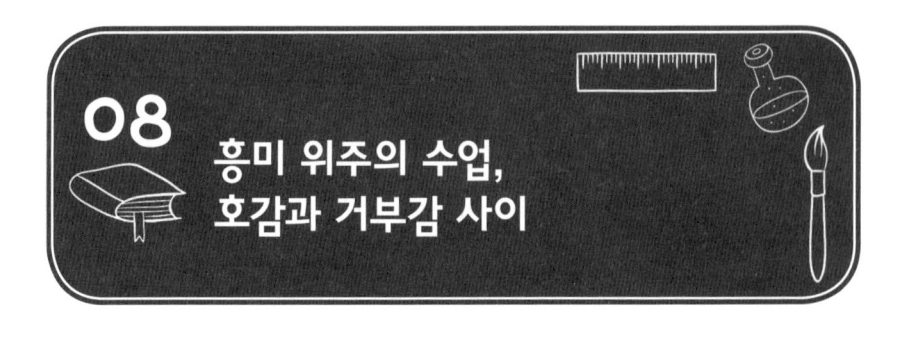

08 흥미 위주의 수업, 호감과 거부감 사이

한창 열린 교육이 전국적으로 이름을 떨칠 때 획기적인 일이 일어났습니다. 한 학기가 끝나면 교사 평가를 학생들에게 설문 형태로 받는 것이었습니다. 지금은 교원 평가가 있지만, 당시에는 정말 놀랍고 신선한 일이었습니다. 당연히 저도 학생들에게 설문조사를 했습니다. 좋은 결과를 기대하고 설문조사를 했다가 실망한 적도 있었습니다. 그 이후 용기가 나지 않아 학생들에게 설문조사를 하지 않다가 최근에 다시 용기를 내어 조사하여 보았습니다. 다행히 수업이 재미있다는 반응이어서 조금 위안을 삼았습니다.

설문조사에는 학생들이 원하는 수업을 묻는 문항도 있었습니다. 학생들은 어떤 수업을 원할까요? 학생들이 원하는 수업은 '재미있는 수업'이었습니다. 재미있는 수업을 하려면 수업에 오락적인 요소를 더 많이 추가해야 합니다. 여기에 교사의 딜레마가 있습니다. 그렇지 않아도 '재미있는 수업'과 '흥미 위주의 수업' 사이에서 줄타기를 하고 있는데 오락적인 요소를 더 넣어야 하다니요.

수업을 하다 보면 수업의 본질에서 벗어난 엉뚱한 내용에서 재미있어 할 때가 있습니다. 잠깐 흥미만 끌려고 도입했을 뿐인데, 그 활동에 1시간을 다 쓸 때가 있습니다. 이때는 어떻게 해야 할까요? 저는 '때로는 그냥 좀 노는 것도 괜찮다'고 생각합니다. 재미있는 활동을 한 후 다음 시간에 지난 시간에 배운 내용을 '전시 학습 상기'해 보세요. 아마 학생들은 신이 나서 지난 시간에 한 활동을 이야기할 것입니다. 그것이 비록 수업 본질과는 다소 벗어났더라도 말입니다. 학생은 재미있었던 장면에서 배운 내용을 떠올릴 것입니다. 아니면 최소한 그 과목이나 교사와 관련된 긍정적인 생각은 심어 줄 수 있습니다. 앞서 말했듯이 과목 리프레이밍을 할 수 있습니다.

흥미와 오락은 가르쳐야 할 내용(지식)을 배제하는 것이 아니라 가르쳐야 하는 내용(지식)을 상승시키고 확대하는 역할을 합니다. 재미있는 동기 유발이 수업을 살리는 경우를 여러 번 보았습니다. 재미 속에서 고개를 끄덕이는 학생들을 발견하곤 합니다. 이른바 배움의 발견입니다.

또 흥미는 삶과도 연결되어 있습니다. 대개 재미와 흥미는 사회현상이나 관찰에서 올 때가 많습니다. 삶을 잘 관찰하고 살펴야 가능하고, 그것을 수업 소재로도 잘 활용해야 합니다. 흥미를 수업에 활용하려면 그만큼 교사의 고민은 커지며, 삶에 관찰은 더 깊어져야 합니다. 우리는 재미를 등한시합니다. 학생들에게 물어보면 좋은 교사는 곧 재미있는 교사이고, 좋은 수업은 곧 재미있는 수업입니다. 그런데 교사는 재미를 '논다'와 결부시켜 부정적으로 인식합니다. 수업에서 흥미와 재미는 그저 가벼운 부록 정도로 취급하려는 경향이 있습니다. 요즘 놀이를 활용한 수업이 재조명받듯이 재미와 흥미도 재조명해야 할 것입니다. 흥미 위주의 수업과 재미 위주의 수업은 교사로서 꾸준히 노력해야 할 점입니다. 한 번 정도의 재미있는 수업은 누구나 쉽게 할 수 있지만, '재미있는 선생님'으로 불릴 만큼 재미있는 수업을 하려면 꾸준한 노력이 필요합니다. 모든 수업을 흥미 위주로 할 수 있다면 그 교사는 대단히 많은 노력을 한 것입니다. 노력 없이 흥미 위주의 수업은 불가능합니다.

『무엇이 수업에 몰입하게 하는가』에서 데이브 버제스가 한 다음 이야기를 귀담아들을 필요가 있습니다.

자기 수업의 오락적 요소를 늘린 것에 대해 미안해할 필요는 없다. 오히려 그러지 못한 것에 대해 학생들에게 미안해해야 할 것이다.

09 좋은 수업을 하는
아홉 가지 키워드

1. 자율

　'인디스쿨' 이야기를 시작해 보겠습니다. 2003년 인디스쿨 설립 초기에 대두쌤(인디스쿨 개설자 박병건 선생님)과 저는 6학년 동학년이었습니다. '인디스쿨' 웹사이트를 개설한 후 하루가 다르게 접속자 수가 증가했습니다. 대두쌤도 예상하지 못한 사태에 한편으로 놀라고 한편으로 신기해 했습니다. 그러다 인디스쿨 서버에 과부하가 걸려 접속 장애가 자주 발생했습니다. 설상가상으로 서버를 협찬한 분의 기업이 부도가 나서 더 이상 협찬을 받기도 어려워졌습니다. (그분은 마지막까지 인디스쿨에 서버를 제공해 주었으며, 기업을 정리할 때 마지막으로 정리한 것이 인디스쿨 서버라고 기억합니다. 이것은 아무런 대가 없이 순수하게 제공한 것이었습니다.) 인디스쿨 서버가 자주 다운되자 대두쌤은 인디스쿨을 어떻게 운영할지를 놓고 깊은 고민에 빠졌습니다. 그러던 중 대기업 통신사에서 억대에 해당하는 서버를 무상으로 제공하겠다는 제안을 해 왔습니다. 대두쌤과 저는 나이가 같고, 당시 동학년 옆반이었기에 인디스쿨로 많은 이야기를 나눴습니다. 저는 대두쌤에게 후원을 받으라고 권했습니다. 인디스쿨의 자료를 활용하여 재정을 늘리는 방법을 찾아보라고 권했습니다. 그런데 대두쌤은 대기업의 후원을 받는 것도, 유료화도 모두 단호하게 거부했습니다. 후원을 받으면 인디스쿨에서 더는 '인디'라는 말을 사용할 수 없다고 했습니다. 그러면서 자신은 인디스쿨의 '인디 정신'을 믿는다고 했습니다.

대두쌤은 에듀넷과 인디스쿨을 비교하며 '인디 정신'을 설명해 주었습니다. 에듀넷은 당시 국가(한국교육학술정보원)에서 운영하던 교육 관련 웹사이트이었습니다. 에듀넷은 국가에서 운영하는 만큼 인적으로나 재정적으로 인디스쿨과는 비교가 되지 않았습니다. 각종 연구대회나 수업실기대회 등에서 입상하면 의무적으로 지도안이나 보고서 등을 에듀넷에 올려야 했습니다. 대두쌤은 인디스쿨과 에듀넷은 외형적으로는 비교할 수 없지만, 내용적으로 보면 결코 에듀넷이 인디스쿨을 이기지 못할 것이라며 인디스쿨의 '인디 정신'은 자율에 있다고 말했습니다. 자율로 뭉친 인디스쿨은 결코 쓰러지지 않는다고 확신했습니다. 그러고는 교사들의 자율에 호소하는 팝업창을 띄웠습니다. 그것을 본 전국 각지에서 많은 후원금이 들어왔고, 개인이 소장하고 있던 서버를 무상으로 제공하는 교사를 비롯하여 기술 지원을 하는 자원봉사자까지 정말 자율로 똘똘 뭉친 사람들이 줄을 이었습니다. 결국 대두쌤의 생각은 적중하여 인디스쿨은 초등교사들이 사용하는 대표적인 웹사이트로 굳건하게 위치를 지키고 있습니다.

대두쌤은 인디스쿨에서 자율뿐만 아니라 공생하고 협력하는 모습을 보여 주었습니다. 인디스쿨 운영을 기수별 운영진으로 구성하여 모든 운영권을 대표 운영진에게 넘겨주었습니다. 당시 인터넷에서 인디스쿨이 유명세를 탈 때 덩달아 대두쌤 또한 유명 인사가 될 수 있었습니다. 각종 신문에서 인터뷰 요청도 많이 쇄도하고, 인디스쿨을 모델로 한 논문까지도 등장하던 시절이었습니다. 인디스쿨의 성공 요인을 분석하려는 움직임도 일어나 개설자인 대두쌤에게 관심이 쏠리던 시기였습니다. 그랬기에 한번쯤은 욕심이 날 만도 한데 그는 대표 운영자 자리를 넘기고 홀연히 부산으로 떠났습니다.

저는 이때 '자율'의 힘을 보았습니다. 좋은 수업을 할 수 있는 키워드로 '자율'을 맨 앞에 둔 것도, 자율 이야기를 시작하기에 앞서 인디스쿨 이야기를 하는 것도 모두 이때 '자율'에서 느꼈던 강렬한 인상을 지울 수 없기 때문입니다. 학교에서는 많은 일을 무슨 무슨 사업이라는 이름으로 합니다. 각종 정책도 많이 쏟아 냅니다. 이때 일의 진행 과정을 보면서 학교에서도 어떤 일의 성공과 실패를 가르는 가장 중요한 키워드가 자율이라는 것을 깨달았습니다. 자율의 확보는 교사에게 요구하는 모든 일의 선결 조건입니다. 자율을 확보했을 때 수업도, 교육 과정의 재구성도, 평가도, 그 무엇이든 제대로 할 수 있습니다. 수업에서 창의성과 다양성도 모두 자율에서 출발합니다.

2. 여유

사람들은 흔히 교사는 여유가 많은 직업이라고 말합니다. 그들은 교사가 수업만 하고 나머지 시간은 모두 노는 줄로만 압니다. 교사가 수업만 하지는 않는다고 아무리 설명해도 사람들은 이해할 수 없다는 표정을 짓습니다. 학교에서는 종종 걸음으로 뛰어다니는 교사를 흔히 볼 수 있습니다. 1시간 안에 뚝딱 공문을 해결해야 할 때도 많습니다. 바깥에서 이해하든 말든 우리는 신의 경지로 바쁘게 학교생활을 합니다. 이렇게 바쁜 와중에 교사에게 좋은 수업을 기대하기란 어렵습니다.

얼마 전 유튜브에서 〈창의성과 시간〉이라는 동영상이 관심을 끌었습니다. 이 동영상은 창의성과 시간을 주제로 한 간단한 실험입니다. 첫 번째 실험에서는 초등학생들에게 10초 안에 시계를 그리라고 합니다. 시간에 쫓긴 학생들은 하나같이 동그란 모양의 똑같은 시계를 그립니다. 두 번째 실험에서는 그 학생들에게 10분의 시간을 주고 다시 시계를 그리라고 합니다. 그랬더니 학생들은 해바라기 시계, 고양이 시계, 손바닥 시계, 뻐꾸기시계, 연 모양 시계 등 다양한 모양의 시계를 그렸습니다. 이 실험은 자유로움과 여유의 중요성을 잘 말해 줍니다.

진정으로 좋은 수업을 원한다면 교사들에게 여유를 주어야 합니다. 허겁지겁하는 수업에서는 좋은 수업을 기대할 수 없습니다. 미리미리 여유 있게 준비해야 창의적인 수업이 나올 수 있습니다. 시간적인 여유가 충분한데 좋은 수업을 못했다면 그것은 비난받을 만합니다. 그러나 시간적인 여유는 주지 않은 채 좋은 수업을 기대한다면, 그것은 기대한 사람이 오히려 비난받아야 마땅합니다.

3. 실천

요즘 SNS에서 일상의 소소한 것들을 짧고 재미있게 표현하는 SNS 시가 화제입니다. 그중 이환천이 쓴 「배고픔을 참는 법」이라는 시가 있습니다.

배고픔을 참는 법

– 이환천

세상에서 가장 짧은 시라고 주장하는 이 시는 제목만 있을 뿐 내용은 없습니다. '배고픔을 참는 법은 없다'는 것을 강조하기 위해서라고 합니다. '수업을 잘하는 법'도 마찬가지입니다. 수업을 잘하는 법은 없습니다. 그저 묵묵히 실천하는 수밖에 없습니다.

좋은 수업에는 그것을 가능하게 하는 선결 조건이 있을 것입니다. 앞에서 말한 '자율', '여유', '실천' 세 가지 키워드는 좋은 수업을 위한 핵심 선결 조건이라고 할 수 있습니다. 그중 자율은 핵심 가치 중의 핵심이며, 좋은 수업의 핵심 기반입니다. 자율은 주어졌으나 이것을 실천할 수 있는 시간적인 여유가 없다면 아무런 쓸모가 없습니다. 좋은 수업을 고민할 수 있는 시간적인 여유가 있어야 좋은 수업도 할 수 있습니다. 마지막으로 실천은 교사 의지에 달려 있습니다. 자율에 따른 교사의 책임감을 실천하는 것입니다. 이 세 가지 선결 조건은 모두 중요합니다.

4. 만남

좋은 만남은 좋은 수업을 가져오고, 교직 생활을 풍요롭게 합니다. 교사의 첫 번째 만남은 함께 수업을 고민할 수 있는 동료교사와 만나는 것입니다. 교직 생활 전체를 통틀어 가장 중요한 만남이라고 할 수 있습니다.

교과와의 만남도 소중합니다. 여러 과목을 가르치는 초등학교 교사에게 자신만의 교과를 만나는 일도 소중합니다. 저는 국어와 사회 과목을 만날 수 있어 감사하게 생각합니다. 두 과목 수업을 준비하면서 수업에 눈을 뜨게 되었고, 수업이 무엇인지 생각할 수 있었습니다. 국어와 사회 과목을 만났기에 다른 수업도 이야기할 수 있었던 것입니다.

다음으로 소재와의 만남도 중요합니다. 교육 과정을 재구성할 때나 단위 수업을 할 때 좋은 수업 소재를 만난다면 그만큼 좋은 것도 없습니다. 『교사는 어떻게 단련되는가』에서 아리타 가츠미사는 좋은 소재의 조건으로 다음 세 가지를 들었습니다.

첫째, 재미있을 것(재미없는 것은 그것만으로 안 된다.)

둘째, 기초적이고 기본적인 내용이 조금이라도 꼭 들어 있을 것

셋째, 학습 방법을 정확히 익힐 수 있는 것

소재의 만남은 교사의 적극적인 개발로 가능합니다. 이 세 가지 조건

을 생각하며 자신만의 수업 소재를 개발하기 바랍니다.

배움(연수)과의 만남도 무시할 수 없습니다. 뜻이 같은 교사와 같은 교과로 같은 연수를 듣는 것은 즐거운 일이지요. 연구회와의 만남도 소중합니다. 자신의 연구 터전을 마련하고 공감할 수 있는 사람들을 만날 수 있으니까요.

주위를 둘러보면 이런 만남을 소중하게 생각하는 교사가 참 많습니다. 여기서 말하는 만남은 단순한 관리자와 교사의 만남, 동학년 교사와 만남 같은 수동적인 만남을 의미하지 않습니다. 교사로서 만남은 수업을 전제로 하는 같은 생각을 공유하는 사람들의 적극적인 만남을 의미합니다. 앞서 교사의 삶을 이야기할 때 말한 '교사가 곧 교육 과정이다'는 말과도 일맥상통합니다.

교육을 주제로 언제나 대화할 수 있는 동료를 찾아보세요. 연구회에 가입하여 새로운 아이디어도 배우고, 다른 교사는 어떻게 자기 계발을 하는지도 배워 보세요. 좋은 만남은 수업을 바꾸고 교직 생활을 바꿀 수 있습니다. 누구를 만나고, 무엇을 만나고, 어떻게 공감하느냐는 교사로 성장하는 데 중요한 열쇠일 수 있습니다.

5. 공감

학생의 삶을 공감한다면 학생이 공감할 수 있는 수업을 할 수 있습니다. 타인의 수업에 공감하면 좋은 수업 친구를 만날 수 있습니다. 자신의 수업에 공감하면 수업에서 정체성을 찾을 수 있겠지요. 공감은 교사가 가질 수 있는 최고의 감성이며, 교사가 준비할 최후의 학습 자료입니다. 모든 수업 준비를 완벽하게 했더라도 '공감'이 빠졌다면 완전한 수업이라고 할 수 없습니다.

6. 용기

수업을 개선하려고 틀을 깨는 용기, 이것저것 해 보려는 용기, 교육 과정을 재구성해 보려는 용기, 수업의 목표를 바꿔 보려는 용기 등 교사의 의지 표현은 다 용기에서 나옵니다.

7. 균형

앞에서 자신의 정체성을 갖는 수업을 해야 한다고 강조했습니다. 자신의 정체성을 갖는다는 것이 특정한 그 무엇을 추종한다는 의미는 아닙니다. 오직 '내 것'의 '이것'만 최고라는 믿음으로 특정 영역에 꽂혀 그것만 강조하는 교사를 가끔 봅니다. 그러나 하나를 추종한다는 것은 그 하나를 제외한 나머지는 모두 배척한다는 말입니다. 수업에서는 균형을 찾아야 합니다. 극단의 추종은 극단의 배척을 가져올 뿐입니다. 모든 것을 만족하는 완벽한 이론은 세상에 없기에 교사에게는 균형된 시각과 열린 마음이 필요합니다. '자기 수업의 정체성'은 수업의 지향점이 될 목표를 말하는 것이지 특정 방법을 고집하라는 것이 아닙니다. 교사는 이것저것 살펴서 가장 적절한 방법으로 수업해야 합니다.

8. 미소

수업 준비의 마지막은 미소와 여유인 것 같습니다. 아무리 많은 수업을 준비했더라도 미소와 여유가 빠지면 무언가 허전하기 마련입니다. 수업 시작종이 울리면 마치 전쟁을 하듯 급하게 교실로 뛰어가지 말고, 심호흡을 한 후 마음속으로 '미소와 여유'를 한 번 외치세요. 한결 수업이 부드럽고 여유 있을 것입니다.

9. 지원

지금까지 저는 교육 당국의 한계점을 많이 이야기했습니다. 그러나 교육 당국은 교사에게 없어서는 안 될 소중한 지원자입니다. 교육 당국의 지원 없이 좋은 수업은 불가능합니다. 외형적인 지원부터 교사의 마음까지 살펴주는 세심한 교육 당국의 지원은 교사의 자존감을 높이고 좋은 수업을 할 수 있게 합니다. 좋은 수업을 위한 키워드 중에서 지원이 으뜸이라고 생각하지만, 마지막에 넣은 것은 그만큼 어려운 일이기 때문입니다.

'줄탁동시(啐啄同時)'라는 말이 있습니다. 달걀이 부화할 때, 알 속 병아리가 껍질을 깨뜨리고 나오려고 껍질 안에서 쪼는 것을 '줄(啐)'이라고 합니다. 반대로 어미닭이 껍질 밖에서 쪼아 깨뜨리는 것을 '탁(啄)'이라고 합니다. 원래는 사제지간을 비유한 말이지만, 여기에 사용해도 적절할 것 같습니다. 교육 당국이 어미닭이 되어 주고, 교사는 병아리가 되어 줄탁동시했으면 합니다.

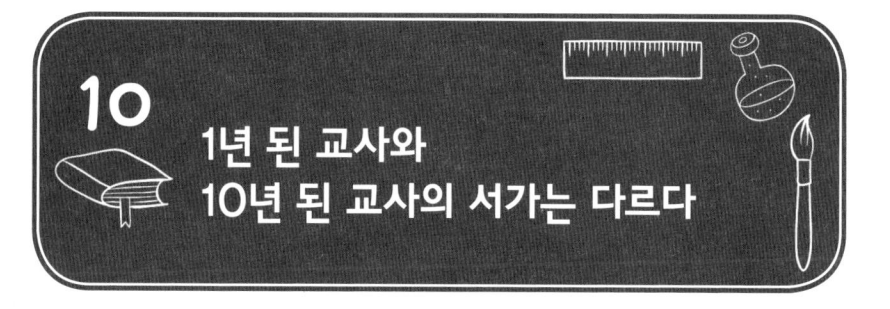

10
1년 된 교사와
10년 된 교사의 서가는 다르다

33년 교직에 몸담은 한 역사 교사는 '소련 청년의 도덕적 이상'이라는 제목으로 공개수업을 했다. 지역 시범학교 관계자들과 장학관들이 수업을 참관했고 수업은 아주 성공적으로 진행됐다. 참관인들은 수업 후에 의견을 내려고 노력했으나 수업에 사로잡혀 참관 중 기록하는 것마저 잊어버렸다. 수업이 끝난 후 한 교사가 이 역사 교사에게 질문을 했다. "수업 준비에 몇 시간이나 들였는지요. 아마 한 시간으로는 안 되겠지요?" "나는 평생 이 수업을 준비했고 모든 수업을 평생 준비합니다. 그렇지만 이 수업 준비에 직접 들인 시간은 15분밖에 안 됩니다." (중략) 이 준비는 어떻게 하는 걸까? 그것은 바로 독서이다. 날마다 책을 읽으면서 한평생 책과 사귀어야 한다. (『선생님들에게 드리는 100가지 제안』, 수호믈린스키)

교사는 가르치는 사람이자 학습하는 사람입니다. 학습하는 사람에게 꾸준한 학습은 무엇보다도 중요합니다. 교사에게 꾸준한 학습은 아마도 폭넓은 독서일 것입니다. 평소의 꾸준한 공부가 벼락치기 시험공부를 막아 주듯이 교사의 꾸준한 독서는 벼락치기 수업 준비를 막아 줄 것입니다. 독서를 많이 한 사람은 수업 준비도 빠르게 할 수 있을 테니까요.

교사의 독서 중요성을 많은 사람이 강조했습니다. 이들 대부분은 교사에게 교과와 직접 관련된 지식보다는 교양을 많이 쌓고 사회적 소양을 높일 수 있는 독서를 강조합니다. 제 생각은 다릅니다. 물론 교사의 폭넓은 소양은 중요합니다. 그러나 교사의 독서는 일반인의 독서와는 달라야 합니다.

무엇보다도 교사의 독서는 수업과 연결되어야 합니다. 초등학교 교사는 여러 과목을 가르치기 때문에 교과의 전문성에 늘 의문을 품고 있습니다. 이런 의문을 떨치려면 교과 지식이 필요합니다. 따라서 교사의 책읽기는 교과 지식을 쌓고 수업 방법을 알려 주는 책읽기가 주를 이뤄야 할 것입니다. 그렇다고 교사의 기본 소양을 쌓지 말라는 것은 아닙니다. 간혹 폭넓은 독서를 한다면서 교과 지식은 오히려 외면할 때가 있습니다. 교과 지식이나 수업 방법과 관련된 독서를 외면하면 안은 채우지 않고 겉만 맴도는 것과 같습니다.

동료교사의 교실이나 집을 방문할 때가 있습니다. 이때 교사의 서가에는 무엇이 꽂혀 있을지 궁금합니다. 서가에 꽂힌 책을 보면 그 사람의 고민을 엿볼 수 있습니다. 서가에 꽂힌 책의 수에 따라 교사의 수업이 달라질 수 있습니다. 교육 관련 책이 많다는 것은 그만큼 세상의 지식을 수업으로 풀어 보려는 고민을 많이 했다는 의미입니다. 1년 된 교사의 서가와 10년 된 교사의 서가는 달라야 합니다. 1년 된 교사와 10년 된 교사의 고민과 독서 경험이 다르기 때문입니다.

콘텐츠가 있는 교사, 플랫폼이 되는 학교

요즘 플랫폼이라는 말이 자주 등장합니다. 기차역에도 플랫폼이 있고, 스마트폰에도 플랫폼이 있습니다. 플랫폼은 원래 기차역에서 기차를 타려고 기다리거나 갈아타는 곳을 이르는 말이었습니다. 플랫폼이 생기면 기차는 각자의 목적지로 가려고 플랫폼으로 모이게 되지요. 스마트폰의 플랫폼 역시 여러 애플리케이션이 각자의 목적을 가지고 모입니다. 플랫폼은 이런 애플리케이션이 서로 엉키지 않고 잘 운영될 수 있도록 최적의 환경을 제공합니다. 기차역이든 스마트폰이든 플랫폼은 자신의 목적지를 강요하지 않고 각자의 콘텐츠가 목적지로 갈 수 있도록 환경만 제공합니다.

하나의 플랫폼을 완성하면 그 속에는 다양한 콘텐츠가 담기고, 이 콘텐츠는 하나의 생태계를 구축합니다. 학교야말로 '플랫폼'이라는 말이 가장 잘 어울리는 곳이 아닐까 싶습니다. 학교라는 플랫폼 안에서 교사는 자신의 교육을 마음껏 할 수 있고, 다양한 콘텐츠로 아이들이 가고자 하는 목적지로 갈 수 있도록 최적의 환경을 제공할 수도 있습니다.

교육 연극을 다룬 책을 읽던 중 '구&권 모형'이라는 것을 발견했습니다. 이는 중등교사인 구민정과 권재원이 개발한 수업 모형으로 자신들의 이름을 따 '구&권 모형'으로 칭했습니다. 자신들이 개발한 콘텐츠로 자신들의 이름을 붙인 모형을 만든 것을 보며 플랫폼의 좋은 예가 아닐까 하고 생각했습니다. 외국 수업 모형을 수입하기에 바쁜 현실 속에서 두 교사의 이런 시도가 신선하게 다가왔습니다.

교사의 콘텐츠는 학생에게는 다시 플랫폼이 될 것입니다. 학생은 교사라는 플랫폼에서 자신의 다양한 콘텐츠를 채워 나가겠지요. 그리고 나중에는 다시 그 누군가의 플랫폼이 되어 주겠지요. 이렇게 학교와 교사, 학생은 누군가에게는 콘텐츠이고, 누군가에게는 플랫폼이 됩니다. 이런 선순환을 이룰 때 학교는 건강한 플랫폼 생태계를 이어갈 수 있을 것입니다. 그러려면 교사는 다양한 콘텐츠를 개발하고 스스로 학생들에게 플랫폼이 되어야 합니다. 교사는 누군가에게는 플랫폼이고, 누군가에게는 닮고 싶은 콘텐츠입니다. 교육 당국, 학교, 교사는 공동의 목적하에 같은 방향으로 나아가면서 학교라는 건강한 플랫폼을 만들어야 할 것입니다.

영화 상영이 마지막 교시인 상자 : 〈칠판〉 영화

| 스페셜 페이지 |

영화 〈칠판〉은 짧지만 강렬한 인상을 남깁니다. '등에 커다란 칠판을 지고 무엇인가 응시하며 걷는 사진 한 장'은 저를 이 영화로 끌어들이기에 충분했습니다. '무슨 사연이 있기에 칠판을 등에 지고 갈까?' 호기심에서 시작한 이 영화는 이란 영화 특유의 낯선 세상에 갖는 호기심, 새로운 이야기 구조, 거친 삶의 풍경 등으로 짧지만 강렬한 인상과 긴 여운을 남깁니다.

이란과 이라크의 국경 부근 풀 한 포기, 나무 한 그루 없는 황량한 산악 지역에 한 무리의 사람이 있습니다. 이들은 모두 등에 커다란 칠판을 지고 바람 부는 황량한 곳을 힘겹게 올라오고 있습니다.

"어제 어디 갔었나?"

"디즐에"

"왜?"

"학생을 찾으러 갔지. 하지만 운이 없게도 한 명도 못 찾았어. 3일 정도 있었는데 말야."

"학생을 한 명도 못 찾았다고?"

"그래, 한 명도."

"아버지가 예전에 내게 충고를 하셨는데, 난 아버지 말씀을 듣지 않았어. 그게 정말 후회 돼. 아버지 말씀을 들었어야 했는데……."

"아버지가 뭘 하길 바라셨는데?"

"양치기가 되길 바랐지."

산길을 걸으며 이들이 나누는 대화 속에서 당시 이란의 상황을 짐작해 봄직도 합니다. 이란에서는 공부를 해서 교사가 되는 것보다 오히려 양치기가 되는 것이 더 잘 사는 길인지도 모르겠습니다. 2년 동안 열심히 공부해서 남들보다 빨리 교사가 되었어도 마치 우리네 옛날 엿장수처럼 등에 칠판을 지고 이 마을 저 마을로 학생들을 찾아 전전해야 하고, 거의 구걸하다시피 먹을 것과 지식을 교환하는 것이 영화에서 그려지는 교사의 모습입니다.

영화 〈칠판〉은 이란과 이라크의 국경이 맞닿아 있는 쿠르드 고원지대가 배경입니다. 이곳은 아직 이란이라크전쟁이 채 끝나지 않아 종종 총소리가 들립니다. 등에 커다란 칠판을 지고 학생들을 찾아 나선 교사들은 하늘에서 비행기 소리가 나자 얼른 칠판 아래로 숨었습니다. 그러고는 언제 있을지 모르는 공중 폭격에 대비하려고 아예 칠판에 흙을 칠해 위장하고는 길을 떠납니다. 이들에게 칠판은 공중 폭격에서 자신을 보호하는 가림막인 셈입니다. 서로를 격려하며 길을 가던 이들은 갈림길에서 각자 학생을 찾아 헤어집니다. 영화 〈칠판〉은 교사 무리에서 헤어져 마을과 산으로 각각 학생을 찾아 나선 두 교사의 이야기를 마치 평행선처럼 대비시키며 번갈아 보여 줍니다.

"구구단, 곱셈 배우러 오세요."
"선생님 필요하지 않으세요?"
마을로 간 칠판 선생 싸이드는 마을 여기저기로 학생을 찾아다니지만 생활이 힘든 마을 사람들은 그를 외면합니다.

"저는 아이들에게 읽고 쓰기를 가르치려고 멀리서 왔습니다. 돈은 많이 주지 않아도 됩니다. 편지를 읽고 쓰게 해 줍니다."

학생을 찾아다니던 싸이드는 마을에서 한 무리의 노인을 만납니다. 이들은 전쟁을 피해 이란으로 왔다가 전쟁이 끝나 다시 국경 부근의 이라크 고향 마을로 돌아가던 중에 길을 잃고 헤매고 있었습니다. 싸이드는 노인들에게 글을 가르치려고 하지만 이들은 배움에는 관심이 없고, 국경까지 무사히 도착하기만 바랄 뿐이었습니다. 노인들은 싸이드에게 국경까지 길 안내를 부탁하고, 싸이드는 호두 40개에 길을 안내합니다. 이 여정에서 칠판은 여러 가지 역할을 합니다. 국경으로 가는 도중 환자가 발생하자 칠판은 환자의 들것이 됩니다. 아파서 칠판에 실려 가는 노인에게는 딸(할랄레)이 하나 있는데, 노인의 소원은 그 딸이 시집을 가는 것입니다. 노인들은 칠판 선생에게 그 딸과 결혼을 제안하고, 싸이드는 그 딸과 결혼합니다. 이때 결혼 지참금은 싸이드의 칠판입니다. 이후로 칠판은 다양한 용도로 사용됩니다. 칠판은 모르는 남녀를 막아 주는 가림막이 되고, 둘만의 시간을 갖도록 외부 차단용 가림막이 되기도 합니다. 때로는 공중 폭격에서 가족을 보호하는 방공막이 되기도 하지요.

노인의 소원대로 결혼을 한 칠판 선생은 부인에게 "나는 당신을 사랑합니다."라는 글을 가르치려고 노력하나, 그녀는 글을 배우기는커녕 말조차 따라 하지 않으려고 합니다. 어쨌든 가정을 이룬 이들에게 칠판은 이제 가정을 지켜 주는 울타리가 될 것입니다.

"칠판 밑으로 숨어요. 내가 지켜 줄게요."

노인들을 국경까지 안내하기로 한 싸이드는 우여곡절 끝에 노인들의 고향인 국경 마을에 도착합니다. 마을은 노인들도 못 알아볼 만큼 황폐해져 있었습니다. 국경에 도착한 후 노인들은 칠판 선생이 할랄레와 같이 자기들의 고향으로 가서 살 것을 권하지만 싸이드는 이란에 남기를 원합니다. 결국 칠판 선생 싸이드와 할랄레는 국경에서 이혼을 하고 각자 갈 길로 갑니다. 바람 부는 국경에서 둘은 이별하고 이라크로 향하는 할랄레 등에는 결혼 지참금으로 받은 칠판이 있습니다. 거기에는 여전히 싸이드가 쓴 '나는 당신을 사랑합니다'는 글이 지워지지 않은 채 있습니다.

또 다른 칠판 선생 리부아르는 산 위로 학생을 찾아가던 중 황량한 고원지대에서 한 무리의 아이들을 만납니다. 그 아이들의 등에도 역시 커다란 짐이 들려져 있습니다. 아이들은 밀수품이나 훔친 물건을 운반하던 중이었습니다.

"난 선생님이야. 너희들에게 읽고 쓰는 법을 가르치려고 왔단다."

"너희들에게 읽고 쓰기를 가르치고, 더하기, 곱하기도 가르치고 싶단다."

칠판 선생 리부아르는 아이들에게 읽고 쓰는 것을 가르치려고 합니다. 그러나 아이들은 그의 이 같은 말에 냉소를 짓습니다.

"저흰 밀수품이나 훔친 물건을 옮겨요. 이란과 이라크에 접한 국경 근처에서 이 물건을 가져와요. 그러고는 쉬지 않고 가야 한다고요."

전쟁이 채 끝나지 않은 국경 지대에는 늘 위험이 도사리고 있습니다. 언제 어디에서 총알이 날아올지 모르는 상황에서 글을 배우고, 셈을 할 줄 알고, 더 많이 배우면 좋은 일자리를 얻을 수 있다는 리부아르의 말은 그저 사치에 지나지 않습니다.

"들어 봐, 애들아. 교육을 받으면 책을 읽고 쓸 수 있을 뿐만 아니라, 너희들이 움직이고 있을 때 신문도 읽을 수 있어. 읽고 쓰는 걸 배우면, 세상에서 무슨 일이 일어나는지도 알 수 있단다. 일자리도 좋은 걸 얻을 수 있단다."

"우리가요?"

"우린 짐꾼들이라고요. 짐을 지고 항상 움직여야 하는데 어떻게 읽고 쓰는 걸 배울 수 있어요? 아저씬 앉아야 하고 우린 절대 멈출 수 없단 말이에요."

칠판 선생은 아이들에게 배움의 의미를 이야기하지만 위험 속에 노출된 아이들은 냉소를 짓습니다. 책이나 신문을 읽을 줄 알고 좋은 일자리도 얻을 수 있다는 것이 아이들에게는 큰 의미가 없습니다. 사실 절박하기는 리부아르도 마찬가지입니다. 리부아르는 그동안 학생을 한 명도 만나지 못했기에 끼니를 구걸해야 할 정도입니다.

그러나 어디에나 배움에 목말라하는 아이는 있기 마련입니다. 이 무리에서 우연히 칠판 선생과 이름이 같은 리부아르라는 아이가 배우는 것에 관심을 보입니다. 리부아르는 '걷는 사람'이라는 뜻이니 칠판 선생이나 아이에게 딱 맞는 이름이지요.

"제 이름을 쓸 수 있게 가르쳐 주실 수 있나요?"

"배우고 싶니?"

"네! 정말로요."

리부아르는 자기 이름을 쓸 수 있게 해 달라고 칠판 선생에게 말합니다. 칠판 선생은 아이에게 이름을 쓰는 법을 가르쳐 줍니다. 항상 움직이며 멈출 수 없는 짐꾼인 리부아르를 위해 칠판 선생은 칠판에 글자를 써서 등에 지고 앞에서 걸어가고, 아이는 그를 뒤따르며 칠판에 쓴 글자를 보며 글을 배웁니다. 이들의 이동식 수업은 이렇게 시작합니다. 심지어는 총소리가 울려 도망가면서도 가르치고 배웁니다. 그러던 중 국경에서 총소리를 피해 달아나던 아이가 낭떠러지 아래로 떨어지는데, 칠판 선생은 칠판을 쪼개 아이의 다리에 부목을 대어 줍니다.

길을 가던 아이들은 국경 수비대를 만나고, 양떼 사이에 숨어 위험을 피하고, 잠깐의 여유를 갖습니다. 이때 학생 리부아르는 칠판 선생의 칠판에 무언가를 쓰면서 다음과 같이 말합니다.

"선생님, 제가 뭘 썼어요."

"뭐라고?"

"제 이름을 썼다고요."

학생 리부아르가 칠판에 그토록 원하던 자기 이름을 쓰고 환호하는 순간 어디선가⋯⋯.

〈칠판〉은 이란의 여성 감독인 사미라 마흐말바프가 20살에 이란이라크전쟁(1980~1988년)을 배경으로 만든 영화입니다. 마흐말바프 가족은 영화인 가족으로 유명합니다. 아버지 모흐센 마흐말바프는 20여 편의 영화를 만든 이란 영화의 거장이고, 어머니 마르지예 메쉬키니와 막내 여동생 역시 영화감독이며, 남동생은 편집기사로 활동하고 있습니다.

수업은 현실이다

저는 지금 파주출판단지에 있는 지지향의 '지혜의 숲' 카페에서 이 글을 쓰고 있습니다. 지지향(紙之香)은 말 그대로 '종이의 향기'라는 뜻으로 파주출판단지에 있는 게스트 하우스이고, '지혜의 숲'은 사면이 책으로 둘러싸인 게스트 하우스의 라운지 겸 카페입니다. 그러니까 이곳은 종이 향이 가득한 책의 숲인 것입니다. 특히 이곳은 24시간 무료로 개방하므로 밤늦도록 편하게 책도 보고, 글도 쓸 수 있어서 책을 쓰는 동안 자주 이용했습니다. 출판단지가 외진 곳에 있어 주말을 제외하면 대부분 한가하지만, 요즘은 밤늦은 시각에도 많은 사람으로 북적입니다. 때마침 기말고사 기간이라 시험을 준비하는 학생들로 발 디딜 틈이 없습니다. 시험 공부를 하는 학생 대부분은 친구들과 수다를 떠느라 바쁩니다. 개중에는 새벽 늦게까지 공부하는 학생도 있고, 부모 감시하에 옴짝달싹 못 하고 공부만 하는 학생도 있습니다. 중·고등학생들 틈에서 가끔 초등학생도 눈에 띄는데, 이들의 공부 시간도 상상을 초월합니다. 밤 12시는 기본이고, 새벽 2시나 3시까지도 남아서 공부하는 초등학생도 종종 볼 수 있습니다. 사면이 책으로 둘러싸인 책의 숲에서 책에는 눈길 하나 주지 않고 밤새 문제 풀이에 열중하는 학생들을 보며, 교사로서 많은 생각이 듭니다. 지지향이 종이의 향기가 아닌 문제집의 향기로 가득합니다.

그런데 이곳에 요즘 새로운 사람들이 나타났습니다. 그들은 카페 테이블 곳곳에서 노트북에 무언가를 열심히 입력하고 있습니다. 교사인 저는 한눈에 그들의 정체를 알아챘습니다. 바로 학기말을 맞이하여 나이스에 학기말 평어를 입력하는 교사들입니다. 이 외진 곳, 늦은 시각에 시험공부를 하는 학생과 시험을 출제하는 사람, 평가 결과를 입력하는 사람이 어우러져 묘한 분위기를 자아냅니다. 무언가 설명하고 싶은데 설명할 길은 없고, 그저 우리 교육의 한 단면을 보는 것 같아 묘하다고 표현한 것입니다.

『논어』에 "아는 사람은 좋아하는 사람만 못 하고, 좋아하는 사람은 즐기는 사람만 못 하다."라고 했습니다. 하지만 지금 이곳에 있는 사람들은 아는 사람도, 좋아하는 사람도, 즐기는 사람도 아닌 것 같습니다.

〈노근묵란도〉를 우연히 보았습니다. 민영익(1860~1914년)이 그린 이 그림은 이름에서 알 수 있듯이 '뿌리가 드러난 난 그림'입니다. 일본에 나라를 빼앗긴 비보를 듣고, 나라를 잃으면 난을 그리되 뿌리가 묻혀 있어야 할 땅은 그리지 않는다는 중국 고사(古事)에 따라 나라를 잃은 심경을 담아 뿌리가 모두 드러나게 그린 그림입니다. 이 그림에는 화제(畫題)가 다른 그림에 비해 많은데, 나라 잃은 설움을 글로 남기려다 보니 다른 그림보다 화제가 많아진 것 같습니다. 그런데 그중에는 나중에 친일파가 된 사람의 글도 있다고 합니다. 이 그림을 보고 있자니 묘한 기분이 듭니다. 나라 잃은 슬픔을 표현한 그림 속에 친일파의 화제가 있다는 것도 묘하고, 뿌리를 드러낸 난초가 애처롭게 느껴져서 묘합니다.

《노근묵란도(露根墨蘭圖)》 호암미술관 소장
출처 : 「매일경제」 2007.09.20, 호암미술관 '그림속의 글씨' 전(展)

난초의 모습과 학교의 모습이 대비되어 더 애처롭게 느껴지는 것은 아닌지 모르겠습니다. 학교의 처지가 마치 저 난초의 처지와 같다고나 할까요? 우리 교실의 수업은 외국에서 들어온 수업으로 가득 차 있고, 교사는 바빠서 본연의 업무인 수업에 소홀하며, 학생들은 시험과 입시에 매달립니다. 교사는 자율권을 갖지 못하고, 무너지는 교권에 교사가 된 것을 후회합니다. 어쩌면 교사의 모습도 뿌리를 드러낸 저 난초와 다를 바 없다는 생각이 들어 그림을 볼 때마다 기분이 묘합니다. '저 난초가 내 모습은 아닐까'라는 생각에 이르면 기분은 한층 더 묘해집니다.

교육의 주체는 교사입니다.

교사가 제 할 일을 할 수 있을 때 교육은 튼튼해집니다. 수업을 잘하는 교사가 평가도 잘하고, 수업을 잘하는 사람이 생활지도도 잘하며, 학급 경영도 잘하는 것을 직접 경험했습니다. 그래서 수업은 기본이라고 하나 봅니다. 그런데 기본 중의 기본을 실천하기가 쉽지 않은 것이 현실입니다. 하루 수업이 끝나고 잠깐이라도 자신의 수업을 되돌아볼 수 있는 여유가 있었으면 좋겠습니다. 수업은 잘하고 있는지, 무엇이 부족한지 말이죠.

『무엇이 수업에 몰입하게 하는가』에서 데이브 버제스는 "훌륭한 교사가 되고자 노력하는 것은 이기심이 전혀 없는 최고의 행위이다."라고 했습니다. 내일의 수업을 준비하는 모든 교사는 이것을 실천하는 사람입니다. 수업은 교사에게 가장 가치 있고 의미 있는 일입니다. 가치는 눈으로 드러나는 것이 아니기에 혹시 자신의 수업이 얼마만큼 가치 있는지 가끔 잊고 사는 것은 아닐까요?

책을 마무리하면서 다시 생각해 봅니다. 책의 내용 가운데 혹시 다른 사람의 마음을 불편하게 한 것은 없는지, 아직 설익은 생각을 잘난 척 하며 이야기한 것은 아닌지, 개인적인 경험을 일반화시켜 자기 자랑만 하지는 않았는지, 나와 생각이 다른 사람을 존중했는지 말이죠. 무엇보다 아직은 책을 더 많이 읽어야 하는데, 이렇게 책을 써도 되는지 두려움이 앞섭니다.

책을 쓰는 시간은 제 자신을 돌아보는 반성의 시간이자 앞으로 더 잘하자는 다짐의 시간이었습니다. 이런 소중한 시간을 갖게 해 준 모든 분에게 감사를 드립니다. 그리고 마지막으로 그림처럼 잘 커서 이제는 대학생이 된 최그림과 늘 새로움을 찾고자 고민하는 아내에게 감사의 마음을 전합니다.